长安商用车星级维修技师培训技能教程(三星)

甘守武　周湘阳　著

重庆大学出版社

内容提要

本书编著目的是为提高长安商用车售后维修人员的维修质量和工作效率,进一步提升其服务能力。本书内容主要涉及长安商用车最新的两款车型,即欧诺和欧力威,力求使长安商用车经销商的维修技术人员把理论与实践很好地结合起来。在培训过程中,学员将依据教程指导技能训练,完成实践操作,以提高维修技能。

本书内容主要涉及长安商用车维修基础及维修服务政策培训,发动机检修,传动系统检修,制动系统检修,转向与行驶系统检修及车身电气系统检修6个模块,结合实际工作将各模块分解成多个技能训练任务,以指导维修技师在实践中学习所需的专业知识及理论要点。

图书在版编目(CIP)数据

长安商用车星级维修技师培训技能教程. 三星/甘守武,周湘阳著. —重庆:重庆大学出版社,2014. 10
(校企合作培训认证著作系列丛书)
ISBN 978-7-5624-8549-0

Ⅰ.①长… Ⅱ.①甘… ②周… Ⅲ.①汽车—车辆修理—技术培训—教材 Ⅳ.①U472.4

中国版本图书馆CIP数据核字(2014)第185372号

长安商用车星级维修技师培训技能教程
(三星)
甘守武 周湘阳 著
策划编辑:周 立
责任编辑:文 鹏 版式设计:周 立
责任校对:谢 芳 责任印制:赵 晟
*
重庆大学出版社出版发行
出版人:邓晓益
社址:重庆市沙坪坝区大学城西路21号
邮编:401331
电话:(023)88617190 88617185(中小学)
传真:(023)88617186 88617166
网址:http://www.cqup.com.cn
邮箱:fxk@cqup.com.cn(营销中心)
全国新华书店经销
重庆升光电力印务有限公司印刷
*
开本:787×1092 1/16 印张:9.75 字数:243千
2014年10月第1版 2014年10月第1次印刷
印数:1—2 000
ISBN 978-7-5624-8549-0 定价:35.00元

校企合作培训认证专著系列丛书
编写委员会

序言

企业的竞争力与企业的资源、社会环境、经营管理模式及制度等方面息息相关，而这些方面归根结底是依靠企业不同层次的人员来创造、实施、维护和发展的。其中在汽车企业合作的汽车维修企业里，为用户服务的维修技师直接体现汽车企业的质量技术形象，也是汽车生产企业品牌建设和长远发展的关键之一。终端维修通过日积月累的实际操作培养了大批优秀的维修技师，但是技师的知识体系、技能水平也参差不齐。随着汽车业新工艺、新技术的应用，维修技师的知识和技能需持续加强才能适应新要求。

为了打造一支具备可持续发展的长安商用车星级维修技师队伍，聚焦终端维修技术能力提升，提高服务满意度和一次修复率，增强维修技师荣誉感，为用户提供标准、专业的技术服务，我们引入“校企联合”方案建立了长安商用车星级维修技师培训、认证长效管理机制。通过以长安商用为主导、重庆电子工程职业学院为主体、长安商用车经销商为对象“三位一体”的维修技术持续提升培训认证体系，提高维修人员的综合素质和专业技能水平，培养高素质的维修技师，建设一支专业的维修职业化团队，提升长安商用车市场核心竞争力。

我们根据从业者的能力将技师划分为三星、四星和五星，逐级提高长安商用车星级维修技师能力，按照不同星级的认证培训要求，编写了校企合作培训认证系列丛书。本系列丛书的开发和编写，以长安商用车主力产品的维修技术资料为基础，结合一线维修技师提供的经典案例，全面收集、归纳总结典型故障诊断思路及流程，对维修技师基本技能的规范、诊断能力的提升具有较强的指导意义。

本系列培训丛书适合服务于长安商用车的维修技师学习深造，也适合于汽车维修从业人员学习提升，希望对汽车售后服务人员有所帮助。

长安行天下！

重庆电子工程职业学院

长安汽车股份有限公司

2014 年 8 月

星级维修技师

（★★★）

课程介绍

欢迎使用长安商用车星维修技师培训教程。本教程的目的是为了提高长安商用车售后维修人员的维修质量和工作效率。本教程主要以长安商用车中的欧诺和欧力威两款车型为例进行教学。

◆目标

使长安商用车经销商的维修技术人员掌握各系统的结构、功能与原理；能参照维修手册进行各系统和总成的故障检查，完成部件检修；能实施系统典型故障诊断。

◆培训条件

参加本教程培训需取得中级汽车维修工或以上的职业资格，或已具备汽车维修及典型故障诊断能力。

◆课程结构

为了满足您的需要，我们特此将培训教程分为理论教程、技能教程和认证教程三个部分，以帮助您将学习重点放在能够为您提供最大价值的部分上，并顺利获得星级维修技师认证。

◆单元结构

理论教程，从基本概念到复杂技术均给予说明。掌握所有系统或部件的结构、原理是开展维修和诊断的必要前提。理论教程用于自学，需要学员在接受培训前登录网站完成本课程理论知识的学习。

技能教程，在学习理论和诊断技术的基础上，给您提供技能训练。这些单元使您有机会在实车或部件上维修实践。在培训过程中学员将依据“技能教程”指导技能训练，完成实践操作，以提高维修技能。

认证教程，给您提供一个反馈机会，以便了解自己专业知识和实践技能的掌握情况。通过测试，判断您对专业知识和技能的掌握程度，必要时复习相应部分。

作　者
2014 年 8 月

前言

长安商用车星级维修技师培训技能教程作为长安商用车星级维修技师培训教程的重要组成部分，长安商用车经销商的维修技术人员在“理论教程”课程学习的基础上，以本教程作为指导，在实车或零部件上进行实践技能训练，完成故障的诊断、检测及维修作业，使学员把理论与实践很好的结合起来，从而更深入地掌握长安商用车的结构组成、工作原理及电控系统等知识，且很好地应用这些知识去分析解决遇到的各种汽车故障，减少误判及维修时间，并能给客户满意的解释，从而提高长安商用车的售后服务水平及品牌影响力，并最终在残酷的市场竞争中生存和发展。

按照汽车维修实际工作任务，并结合长安商用车最新的两款车型欧诺和欧力威，本教程从典型故障案例导入，针对长安商用车维修基础及维修服务政策培训、发动机检修、传动系统检修、制动系统检修、转向与行驶系统检修、车身电器系统检修6个模块作了详细讲解。每个模块都从维修案例的原因分析、相关知识的回顾、技能训练以及训练小结四步逐步深入，且结合实际工作将各模块分解成多个技能训练任务，使学员准确掌握长安商用车各个系统的典型故障及诊断的思路，并能举一反三，在今后的汽车维修服务中加以应用。

本教程由重庆电子工程职业学院甘守武、长安汽车股份有限公司周湘阳著，编委会其他成员为本教程作出了贡献。

由于笔者水平有限，准备仓促，书中难免有疏漏和错误之处，恳切希望使用本教程的师生与读者批评指正。

作　者

2014年8月

目　录

模块1　CAJS301 长安商用车维修基础及维修服务政策培训

模块说明

◆知识标准

- 熟悉车间维修管理制度及要求；
- 掌握一般工具设备安全操作要求；
- 掌握长安商用车各款车型结构特点、配置等产品知识；
- 熟悉各款车型区别；
- 熟悉长安商用车新三包法；
- 掌握长安商用车保养项目及方法。

◆主要内容

- 车间维修制度；
- 长安商用车产品知识；
- 基础保养与维护。

1.1 车间维修制度

☞ 知识回顾

(请结合你所自学的理论知识回答右侧问题)

1. 长安商用车经销商维修服务资质认证 DQV 七步流程:______________________________
____
______________________________。

2. 你所在经销商维修车间的 6S 管理包括哪几个方面:______________________________
______________________________。

☞ 技能训练

(小组竞赛)

请以最短时间找出每个序号后面的工具/量具,并把它们放到对应的格子里(注:工具要区分大小,量具要调到规定的数值)。

表 1.1

序号	工 具	工具型号	数 值
1	6.3 mm 系列 6 角套筒	12 mm	
2	10 mm 系列 6 角长套筒	14 mm	
3	10 mm 系列旋具套筒(花形)	T30	
4	万向接头	10 mm 系列	
5	棘轮扳手	6.3 mm 系列 5	
6	水管钳	E10	
7	转向接杆	10 mm 系列 6	
8	6.3 mm 旋具头(中孔花型)	T-10	
9	两用扳手	8 ~ 10 mm	
10	10 mm 系列火花塞套筒	21 mm	
11	千分尺		34.625 mm
12	游标卡尺		56.84 mm
13	预置力式扭力扳手		45 N · m

1.2　长安商用车产品知识

☞ 知识回顾

（请结合你所自学的理论知识回答右侧问题）

1. 长安商用车 VIN 码第 11 位有 A,F 和 G 三种情况,分别表示:

A:__________ F:__________ G:__________

2. 长安欧诺搭载 R101 技术平台,请完成表 1.2 中的主要技术参数。

表 1.2

平　台	R101 平台	
衍生车型	SC6449 系列	
发动机型号	JL474Q	4G15V
排量		
配气机构		
变速箱		
变速箱类型	MT	
档位数	5 挡手动	
底盘转向		
驱动方式		
前悬挂形式		
后悬挂形式	非独立车轴式(五连杆螺旋弹簧/钢板弹簧)	
助力类型		
车轮制动		
前制动器类型		
后制动器类型		
前轮胎规格	185/70 R14	195/60 R15
后轮胎规格	185/70 R14	195/60 R15

☞ 技能训练

（小组讨论）

1. 某车主于 2012 年 9 月以 45 620 元购买一辆长安欧诺,行驶 1.5 万 km 之后车辆出现严重问题,依据新三包法规定,车主要求退车,经销售服务部鉴定确认后同意办理,但需车主支付因使用该车所产生的合理使用补偿费,请问该车主大概应支付多少费用?

2. 案例分析:某车主 2011 年 7 月购买某款长安汽车至今,先后多次出现发动机严重异响的故障。经诊断发动机曲轴瓦烧毁,故障的原因可能是机油泵损坏。2 个月前,该车一直放在 4S 店维修,主要原因是车主对该车连续出现质量问题不能接受。特别是由于该车刚出保修期,如果维修自己需要承担近 1 万元的费用。尽管 4S 店最终妥协免去工时费,车主仍然需要承担将近 4 000 元的零配件费用。请问,如按照新三包法规定,该用户可享受哪些权益?

1.3 基础保养与维护

☞ 知识回顾

（请结合你所自学的理论知识回答右侧问题）

1. 长安商用车首保的时间或里程要求：____。

2. 长安商用车免费首保的项目包括：____

____。

☞ 技能训练

请结合长安商用车常规保养单完成相关保养内容。

长安商用 CHANA

长安商用车常规保养

维修单位			车辆进站时间		维修技师	
车辆信息	车牌号	车 型	VIN 码		发动机号	里程数

主要内容			结果及处理		
项目	位置	保养内容	合格（√）	不合格（√）	消除方法及结果
发动机舱检查保养	车辆着地停放	检查流水槽内是否有树叶等杂物			
		检查空气滤清器			
		检查机油			
		检查冷却液			
		检查刹车液			
		检查玻璃液			
		检查蓄电池固定及极桩情况、电压			
		检查风扇（水泵）驱动皮带磨损及张紧力			
	车辆顶起	检查发动机底部有无油液渗漏			
		更换发动机机油及机油滤清器			
		检查球头配合间隙情况			
底盘检查保养		检查防尘套是否损坏			
		检查关键重要螺母和螺栓紧固情况			
		检查前后减震器			
		检查排气管有无漏气和损坏			
		检查制动管路有无泄漏和损坏			

续表

主要内容			结果及处理		
项目	位置	保养内容	合格（√）	不合格（√）	消除方法及结果
底盘检查保养	车辆顶起	检查燃油管路有无泄漏和损坏			
		检查手动变速器油有无泄漏及油量			
		更换手动变速器油			
		检查轮胎磨损情况			
		检查轮胎胎压			
		四个轮胎换位			
		检查轮胎刹车片厚度			
驾驶室内检查	车辆着地停放	检查挡位是否清晰有效			
		检查转向是否灵活			
		检查离合器是否灵活有效			
		检查刹车是否灵活有效			
		检查油门是否灵活有效			
		检查手刹是否灵活有效			
		检查座椅是否灵活			
电器保养检查		检查各仪表指示灯显示是否正常			
		检查示宽灯工作是否正常			
		检查前照灯工作是否正常			
		检查转向灯工作是否正常			
		检查雨刮各挡位工作是否正常			
		检查雨刮清洗器功能是否正常			
		检查喇叭工作是否正常			
		检查门窗工作是否正常			
启动检查		检查空调制冷效果			
		检查发动机有无异响			
		检查并清洗节气门体			
	车辆顶起	检查油底壳			
		检查放油螺栓			
		检查发动机底部有无燃油泄漏			
		检查并安装底板			

续表

<table>
<tr><th colspan="3">主要内容</th><th colspan="3">结果及处理</th></tr>
<tr><td>项目</td><td>位置</td><td>保养内容</td><td>合格(√)</td><td>不合格(√)</td><td>消除方法及结果</td></tr>
<tr><td rowspan="5">启动检查</td><td rowspan="5">车辆着地停放</td><td>四门链铰盖锁润滑</td><td></td><td></td><td></td></tr>
<tr><td>清洁发动机舱</td><td></td><td></td><td></td></tr>
<tr><td>收起防护罩</td><td></td><td></td><td></td></tr>
<tr><td>洗车及交接车辆</td><td></td><td></td><td></td></tr>
<tr><td>工位4S管理</td><td></td><td></td><td></td></tr>
<tr><td colspan="6">注意:长安商用车免费首保时间和里程规定为客户自购车之日起(以客户购车发票日期为准),使用60天或行程(2 000±500) km;首保之后,每隔(5 000±500) km到授权服务商进行例行保养,费用由客户承担。</td></tr>
<tr><td colspan="2">合格:已检查未发现缺陷</td><td colspan="2">不合格:检查中发现缺陷</td><td colspan="2">消除:按维修信息消除缺陷</td></tr>
<tr><td colspan="6">备注:
____
____
____________________</td></tr>
</table>

模块2 CAJS302发动机检修

模块说明

◆知识标准

- 能认识和识别长安商用车各款车型发动机型号、结构特点；
- 能正确规范开展冷却液泄漏、传动皮带张进度及节温器等检查项目；
- 能正确规范拆卸和安装冷却系统总成，完成部件检修；
- 能判断冷却系统典型故障现象；
- 能正确完成机油泵及机油盘等部件拆检；
- 能判断润滑系统典型故障现象；
- 能正确规范检测燃油压力；
- 能正确规范拆卸和安装燃油系统总成，完成部件检修；
- 能判断燃油系统典型故障现象；
- 能完成气门间隙检查与调整、汽缸及活塞磨损检查；
- 能正确规范完成发动机分解与装复；
- 能使用专用工、量具完成发动机机械部件的检测与维修。

◆主要内容

- 发动机冷却系统检修；
- 发动机润滑系统检修；
- 发动机燃油系统检修；
- 发动机总成大修。

2.1　冷却系统检修

☞ 维修案例描述

河北一用户反映,其驾驶的长安欧诺(1.3 L)在行驶过程中,水温指示超高,熄火后打开发动机盖,发现膨胀水箱内冷却液沸腾。维修人员接车后向客户问诊得知此车以前并未出现此问题,防冻液按时更换。一个月前做过点火、进气和清洗积碳等养护工作。

☞ 案例故障原因分析

(请结合你的实践经验和理解,分析该故障可能存在的原因,并小组讨论主要诊断流程,记入右侧空格)

可能原因:____

____。

主要诊断步骤:

☞ 知识回顾

(请结合你所自学的理论知识回答右侧问题)

1. 图 2.1 为欧诺(1.3 L)冷却循环线路,首先请解释图 2.1 中未标注的图标所描述的部件,并结合该图分析当节温器总成开启时,冷却液循环线路:____________________________

____

____

____。

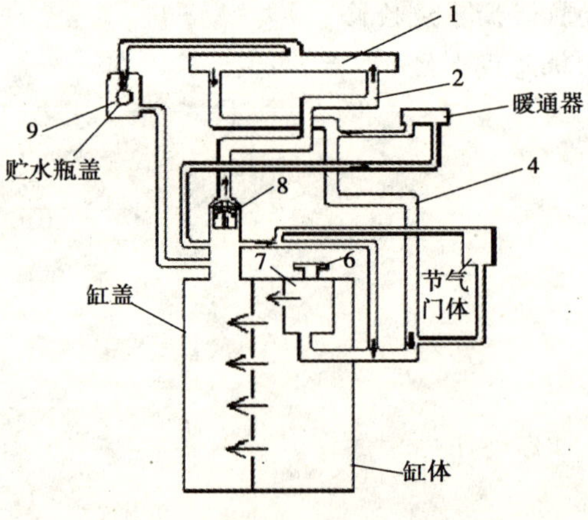

图 2.1

2. 请描述冷却系中节温器的作用:____________________________

____

____。

☞ 技能训练

<table>
<tr><th colspan="2">技能训练 1：冷却系密封性检查(自学)</th></tr>
<tr><th>项　目</th><th>主要内容</th></tr>
<tr><td>主要工具</td><td>水箱测漏仪、翼子板防护罩等
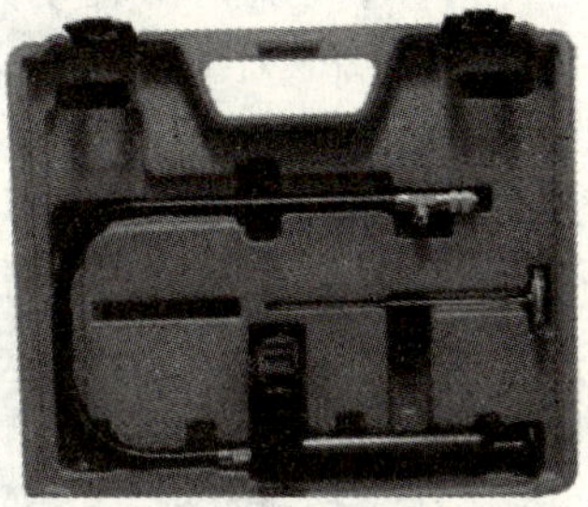
图 2.2
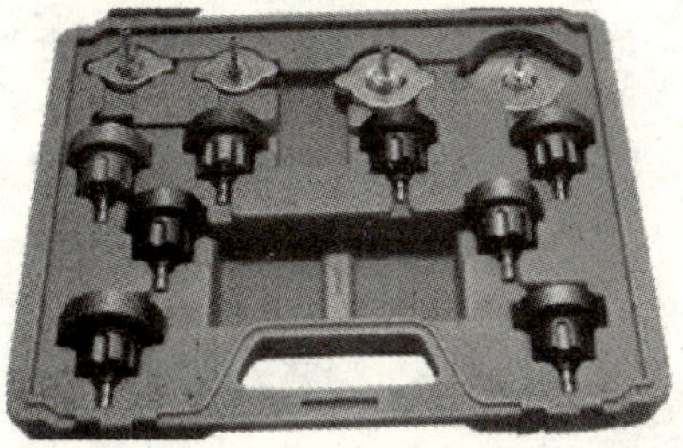
图 2.3</td></tr>
<tr><td>操作方法</td><td>• 检查发动机冷却液液位。
• 拆下散热器盖并清洗冷却系统盖的安装部件。
• 将测试仪安装到散热器的加注口。
• 用测试工具的手动泵使压力达到 108 kPa(各车型压力依厂家资料为准)左右,保持 2 min,观察压力变化;如果压力下降,即表明冷却系统可能有渗漏故障,应维修或更换相应的零件。
• 装复还原:取下水箱测漏仪,装回散热器盖。</td></tr>
<tr><td>注意事项</td><td>• 做好车辆安全防护。
• 发动机过热时禁止操作冷却系统任何零部件,可能会导致烫伤。
• 散热水箱内部压力务必不能超过 150 kPa,否则会造成损坏。</td></tr>
<tr><td>小组训练</td><td>请将所测的结果记入表 2.1 中,并根据测量结果给出结论。
表 2.1
<table>
<tr><td colspan="2">车型:</td><td>发动机:</td></tr>
<tr><td>冷却液位是否正常</td><td>是</td><td>否</td></tr>
<tr><td>冷却系统是否渗漏</td><td>是</td><td>否</td></tr>
<tr><td>外观是否有破损</td><td>是</td><td>否</td></tr>
<tr><td>处理方法</td><td colspan="2"></td></tr>
</table></td></tr>
<tr><td>训练小结</td><td>请结合小组训练情况,总结练习心得,并对不足之处提出改进意见:</td></tr>
</table>

<table>
<tr><th colspan="2">技能训练2:冷却风扇及线路检修(自学)</th></tr>
<tr><th>项 目</th><th>主要内容</th></tr>
<tr><td>主要工具</td><td>万用表、试灯、翼子板防护套</td></tr>
<tr><td>操作方法</td><td>

● 在发动机预热并达到正常工作温度之后观察冷却风扇是否能正常开启,如风扇不工作,短接风扇继电器观察风扇是否转动,如风扇不转动则拆检风扇总成;若风扇正常工作,则检查风扇电路,R101 车型冷却风扇电路如图 2.4 所示。

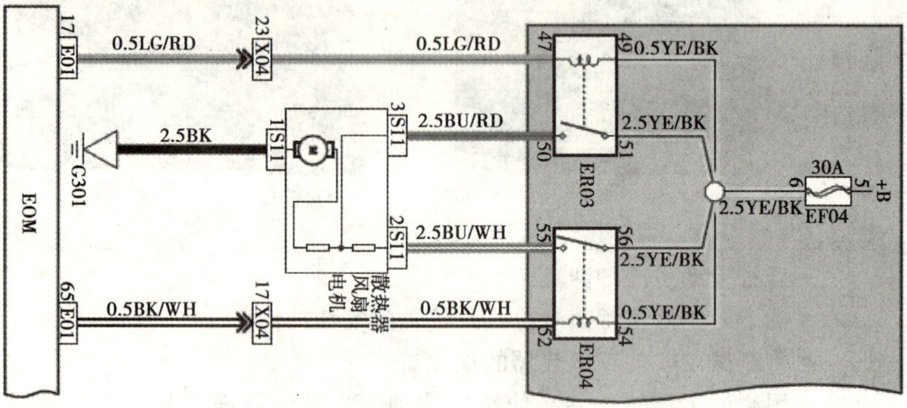

图 2.4 散热器风扇电路图

● 结合长安售后反馈的维修信息,散热器风扇保险是发动机过热的故障常发点。因此首先检查散热器风扇保险是否烧蚀,风扇保险位置图 2.5 所示。若保险烧蚀,请先检查保险盒接地是否良好,并检查发动机线束及底盘线束接地是否良好。在确保接地良好后,请将原 30 A 慢熔保险用 40 A 慢熔保险替换。

散热器风扇保险

图 2.5 散热器风扇保险

● 检测风扇电机工作电压及接地情况,看是否存在工作电压低或接地不良的情况,若有,则给予相应处理。

● 检查风扇电机继电器是否有故障,若有则更换,若正常则进行下一步。

● 检查水温传感器及发动机控制模块相应线路。

</td></tr>
</table>

续表

<table>
<tr><th>项 目</th><th>主要内容</th></tr>
<tr><td>注意事项</td><td>●若出现保险熔断的情况，在更换新的保险前需要检查相关线束接地是否良好。
●水温传感器的检测需借助解码仪来完成。</td></tr>
<tr><td>小组训练</td><td>请结合完成过程，将相关结果记录入表2.2中，并根据检测结果提出处理方法。
表2.2
<table>
<tr><td rowspan="2">保险是否正常</td><td>是</td><td>检查方法</td><td>处理方法</td></tr>
<tr><td>否</td><td></td><td></td></tr>
<tr><td rowspan="2">继电器是否正常</td><td>是</td><td>检查方法</td><td>处理方法</td></tr>
<tr><td>否</td><td></td><td></td></tr>
<tr><td rowspan="2">风扇电机是否正常</td><td>是</td><td>检查方法</td><td>处理方法</td></tr>
<tr><td>否</td><td></td><td></td></tr>
<tr><td rowspan="2">水温传感器是否正常</td><td>是</td><td>检查方法</td><td>处理方法</td></tr>
<tr><td>否</td><td></td><td></td></tr>
</table>
</td></tr>
<tr><td>训练小结</td><td>请结合小组训练情况，总结练习心得，并对不足之处提出改进意见：</td></tr>
</table>

技能训练3：水泵及节温器检修（自学）

<table>
<tr><th>项 目</th><th>主要内容</th></tr>
<tr><td>主要工具</td><td>拆装套装工具</td></tr>
<tr><td>操作方法</td><td>欧诺(1.3 L)水泵检修：
●断开蓄电池负极线。
●松开散热器排放塞，排空冷却液，如图2.6所示。
●松开皮带紧固螺母，取下水泵皮带及张紧轮。
●拆出水泵总成。
●检查水泵密封垫是否有损坏，如有损坏更换水泵密封垫。
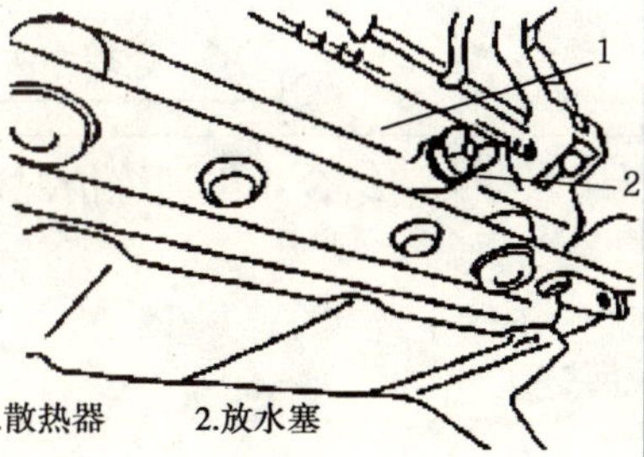

1.散热器 2.放水塞
图2.6
●检查水泵：检查水泵转动是否灵活、水泵叶轮是否损坏，若有问题，应整体更换水泵。
●清洁发动机缸体与水泵结合面，安装新的水泵密封垫和水泵。
●安装曲轴皮带轮、水泵皮带轮及水泵皮带，并调整水泵皮带的张紧度。</td></tr>
</table>

续表

<table>
<tr><th>项　目</th><th>主要内容</th></tr>
<tr><td>操作方法</td><td>● 连接电池负极电线,加注冷却液。
● 安装完毕后,检查各部位是否有泄漏。
欧诺(1.3 L)节温器检修:
● 断开蓄电池负极导线。
● 松开散热器排放塞,排空冷却液。
● 从节温器座上拆下节温器盖,并取出节温器。
● 检查节温阀座是否有异物,阀座有异物将导致此阀安装不紧。
● 检查节温器的空气排气阀是否堵塞。
● 检查节温器密封件是否断裂、变形或有其他损坏,有则整体更换。
● 检查节温器的阀能否正常打开,若异常则更换。
● 安装更换后的节温器到节温器座中,并安装好节温器盖。
● 冷却系统加注冷却液。
● 接好蓄电池负极导线。
● 安装完毕后,检查各部位是否漏液。</td></tr>
<tr><td>注意事项</td><td>● 当发动机和散热器还热时,不得进行排空冷却系统的操作。
● 安装水泵时,需要清洁水泵安装面,更换新的密封垫圈,并在密封圈上涂抹冷却液,以使它们很容易地嵌入水泵和节温器壳体内。</td></tr>
<tr><td>小组训练</td><td>请结合完成过程,将相关结果记录入表 2.3 中,并根据检测结果提出处理方法。
表 2.3
<table>
<tr><td>是否有异响</td><td></td></tr>
<tr><td>是否有松旷</td><td></td></tr>
<tr><td>叶轮是否正常</td><td></td></tr>
<tr><td>处理办法</td><td></td></tr>
</table></td></tr>
<tr><td>训练小结</td><td>请结合小组训练情况,总结练习心得,并对不足之处提出改进意见:</td></tr>
</table>

2.2 润滑系统检修

☞ 维修案例描述

重庆某客户反映其购买的欧诺(1.3 L)在行驶过程中机油报警灯突然点亮。维修人员通过与客户沟通了解到此车在前段时间修理过曲柄连杆和配气机构等部件,并更换了机油和机油滤清器,但并没有处理润滑系统其他部件。

☞ 案例故障原因分析

(请结合你的实践经验和理解,分析该故障可能存在的原因,并小组讨论主要诊断流程,记入右侧空格)

可能原因:____

____。

主要诊断步骤:

☞ 知识回顾

(请结合你所自学的理论知识回答右侧问题)

1. 机油的作用主要包括:____

____。

2. 请依据欧诺(1.3 L)的发动机润滑系统循环线路,填写图2.7 中的空格。

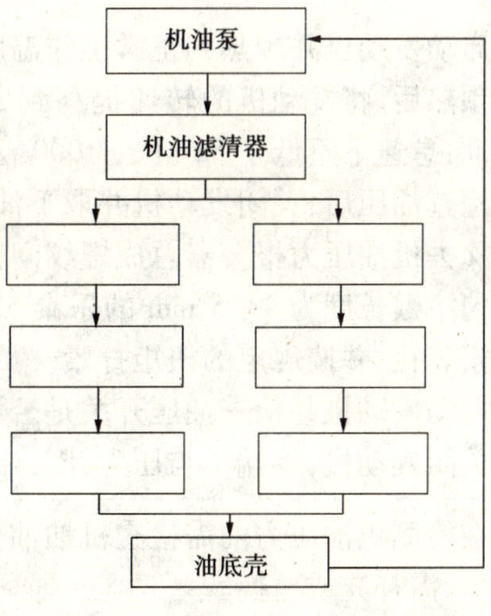

图2.7

☞ 技能训练

<table>
<tr><th colspan="2">技能训练 1:机油压力检测</th></tr>
<tr><th>项 目</th><th>主要内容</th></tr>
<tr><td>主要工具</td><td>翼子板防护罩、机油压力表
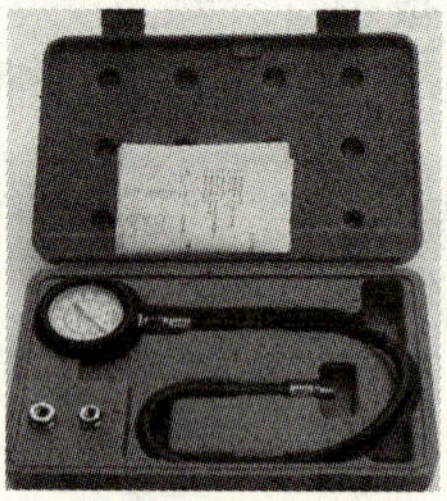
图 2.8</td></tr>
<tr><td>操作方法</td><td>● 取下机油压力报警开关,并将机油压力表装入到空出来的螺纹孔内,如图 2.9 所示。
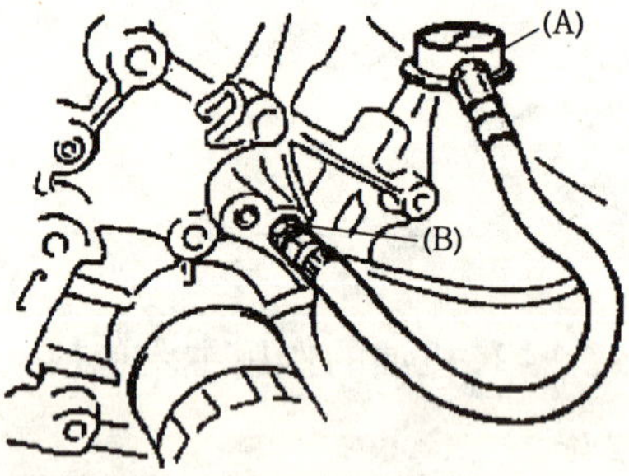

图 2.9
A—机油压力表;B—机油压力表固定器
● 启动发动机并预热到正常工作温度。
● 预热后,将发动机的转速提高到 3 000 r/min 并测量油压,EA 发动机油压标准:怠速下不低于 52 kPa;3 000 r/min 转速下为 200 ~ 480 kPa。
● 检查油压后,关闭发动机并取下油压表。
● 除去机油压力报警器总成螺纹间密封胶,重新在距离螺纹顶端 1 ~ 2 牙处,均匀涂敷长度为 4 ~ 5 mm 的乐泰 516 密封胶,重新将机油压力报警器总成扭入安装孔,并按规定的扭矩拧紧。
● 启动发动机并检查油压开关是否漏油。
● 关闭发动机,将端子与压力开关端子相连并用护罩将油压开关罩好。</td></tr>
<tr><td>注意事项</td><td>● 在检测机油压力前需检查机油油位、质量以及是否有漏油,如果机油不符合要求,需补充或更换。
● 密封圈胶带的边缘应齐平,不得有凸起的地方。
● 检测机油压力时,水温应达到正常值。</td></tr>
</table>

续表

<table>
<tr><th>项　目</th><th>主要内容</th></tr>
<tr><td>小组训练</td><td>请将所测的数据记入表2.4中，并根据测量结果给出结论。

表2.4

<table>
<tr><td></td><td>机油液位</td><td colspan="2">机油质量</td><td>有无渗漏</td></tr>
<tr><td>检测结果</td><td></td><td colspan="2"></td><td></td></tr>
<tr><td></td><td colspan="2">怠速</td><td colspan="2">2 000 rpm 或 3 000 rpm</td></tr>
<tr><td>标准油压</td><td colspan="2"></td><td colspan="2"></td></tr>
<tr><td>实测油压</td><td colspan="2"></td><td colspan="2"></td></tr>
<tr><td>结论</td><td colspan="4"></td></tr>
</table>
</td></tr>
<tr><td>训练小结</td><td>请结合小组训练情况，总结练习心得，并对不足之处提出改进意见：</td></tr>
<tr><td colspan="2">技能训练2：机油泵更换（自学）</td></tr>
<tr><th>项　目</th><th>主要内容</th></tr>
<tr><td>主要工具</td><td>拆装套装工具</td></tr>
<tr><td>操作方法</td><td>

一、EA发动机

1. 机油泵拆卸

- 拆下与机油盘上下体、机油泵前罩壳、汽缸盖罩总成连接的所有外围零部件及进气机构和右悬挂支架软垫总成。
- 拆下机油盘下体总成、机油盘上体、汽缸盖罩总成。
- 拆下水泵皮带轮。
- 拆下曲轴皮带轮、机油泵前罩壳总成。
- 从机油泵前罩壳总成上取下机油泵。

2. 机油泵装配

- 将机油泵安装回前罩壳上，拧紧螺栓。
- 将油泵装到曲轴上时，为了防止油封唇部损坏或向上卷，应在曲轴上装上专用工具（油封导管），并在专用工具上涂发动机机油。
- 将机油泵前罩壳装到汽缸体上，打胶区域如图2.10所示，在涂胶结束后5分钟内装上机油泵前罩壳总成。参见图示正确使用并按规定的扭矩用拧紧机同时或是手工交叉拧紧螺栓（拧紧扭矩：(23±2) N·m）、螺母（拧紧扭矩：(50±3) N·m）。

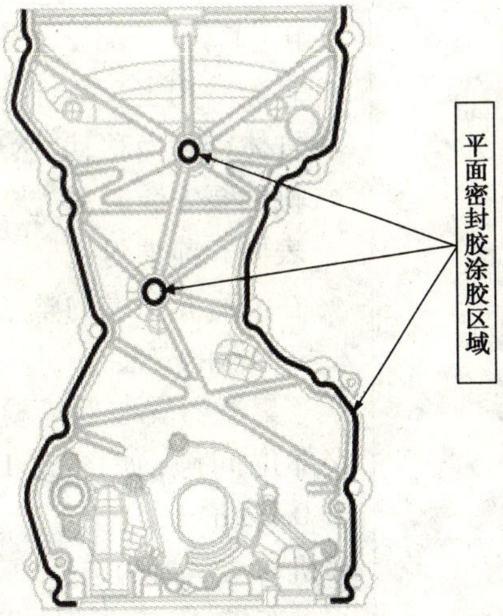

图2.10
</td></tr>
</table>

续表

项　目	主要内容
操作方法	●装上机油盘上体及机油滤清器。 注意:检查机油盘上体定位销及油道密封圈是否完整,油道密封圈是否具有弹性,若无请更换。更换机油盘上体定位销时请先将定位销敲入机油盘上体中,检查确认机油滤清器油道密封垫安装槽内干净无异物、底面平整后,带上油道密封圈,再进行安装。机油盘上体打胶区域如图2.11所示,涂胶结束5 min后装上机油盘上体。 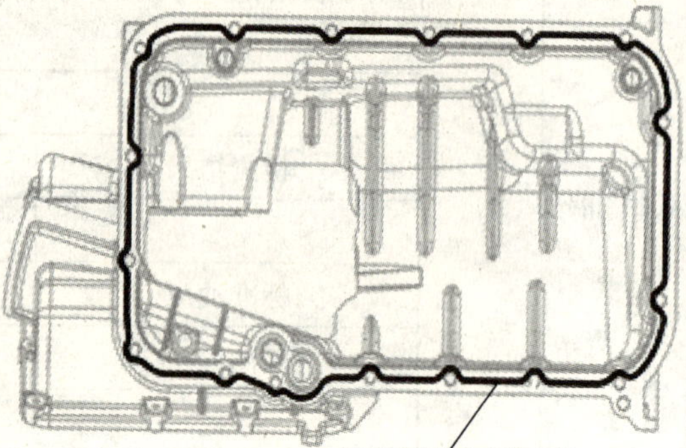 图2.11 ●装上机油集滤器总成和机油盘下体总成。 ●装上其他剩余零部件,检查保证所拆下的零件已全部装回原位。 ●调整压缩机皮带的张力和发电机机皮带的张力。 ●给发动机重新加注汽油机油。 ●启动车辆检查有无泄漏。 **二、4G15 发动机** 1. 机油泵拆装 ●拆下油底壳的安装螺栓。 ●如图2.12所示在油底壳与缸体之间敲入专用工具。 ●轻敲专用工具侧面,并使该工具沿油底壳/缸体密封面移动,然后拆下油底壳。 ●机油泵安装时需先清洗缸体上涂的密封胶表面和前油封壳。 ●在油底壳凸缘的整个外周涂3 mm卷边的现场成形垫片。 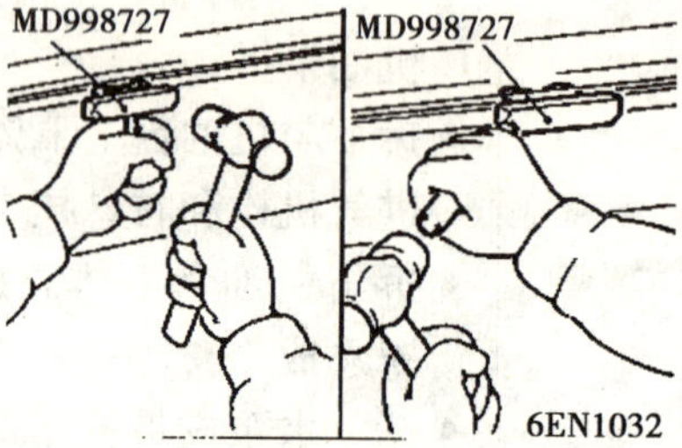 图2.12 2. 集虑器的安装 集滤器安装后需检查集滤器与机油泵连接部位间隙,如图2.13所示,保证间隙小于0.02 mm。 3. 机油滤清器的选择 东安4G15发动机选用的机油滤清器是河南ZC30,零件号为476Q-6L-1012950,如图2.14和图2.15所示。 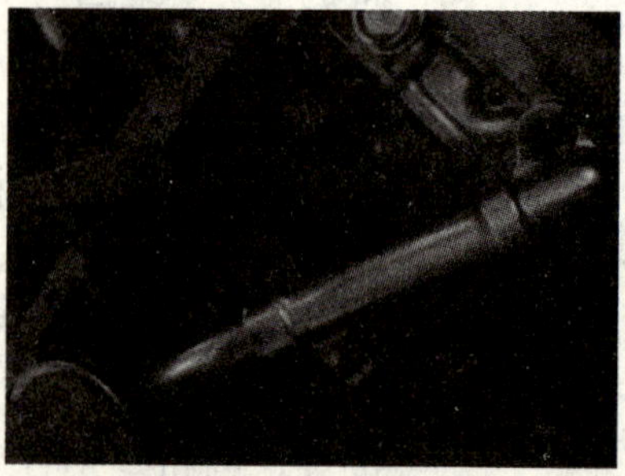 图2.13

续表

项　目	主要内容
操作方法	 图 2.14　非正厂备件  图 2.15　正厂备件
注意事项	● 曲轴前油封一经拆下，不得重复使用，安装时请更换新的曲轴前油封。 ● 安装机油泵之前需清洗缸体上的涂密封胶表面和前油封壳。 ● 安装油封时，应当由正向压入，使油封端面低于油泵壳端面 1 ~ 1.5 mm。 ● 机油泵有损坏时，更换机油泵前罩壳总成。
小组训练	请结合您的训练完成过程，记录主要过程步骤：
训练小结	请结合小组训练情况，总结练习心得，并对不足之处提出改进意见：

2.3 燃油系统检修

☞ 维修案例描述

重庆市区一用户反映,其使用的欧诺总里程行驶 10 000 km 左右后,车辆有时半路行驶中熄火或加油无力,甚至打不着(特别是在 1/2 油位以下出现几率更大),更换过点火线圈,未解决问题。

☞ 案例故障原因分析

(请结合你的实践经验和理解,分析该故障可能存在的原因,并小组讨论主要诊断流程,记入右侧空格)

可能原因:____

____。

主要诊断步骤:

☞ 知识回顾

(请结合你所自学的理论知识回答右侧问题)

1. 燃油系统基本作用:____

____。

2. 画出长安欧诺燃油供给系组成图:____________________________

____。

3. 请从图 2.16 中选出长安欧诺 1.5 L 所采用的油泵,并在相应括号内打钩:

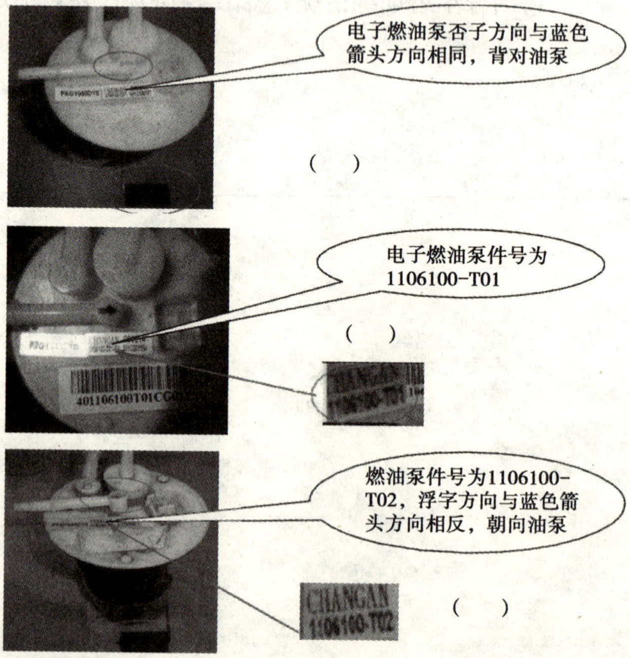

图 2.16

☞ 技能训练

技能训练 1:燃油压力检测	
项　目	主要内容
主要工具	翼子板防护罩、燃油压力表 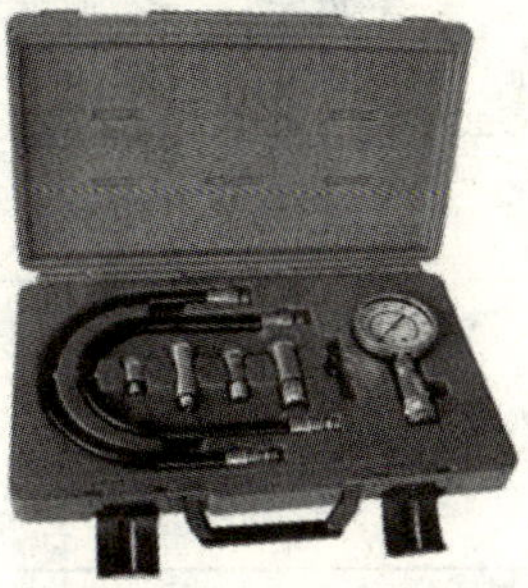 图 2.17  图 2.18
操作方法	• 泄压:拆下燃油泵继电器或油泵保险,启动发动机运转直至发动机熄火,反复数次;再安装燃油泵继电器,断开蓄电池负极电缆。 • 安装燃油压力表:用三通将油压表接到滤清器或主油管油路中,如图2.19所示(所有图片以欧诺车型为例)。 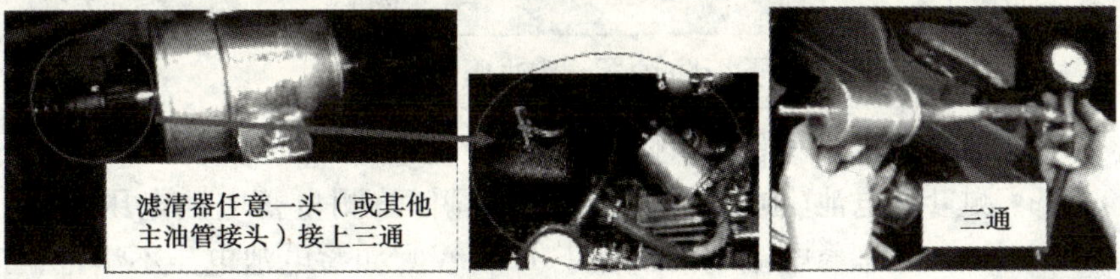 图 2.19 • 测量油压。针对车辆启动困难:接三通测油压,怠速稳定后(油压为额定压力范围,欧诺为(350 ±20) kPa;欧力威燃油压力为 380 ~420 kPa),再熄火观察 20 min,油压衰减大于 100 kPa 为燃油泵不合格;针对车辆加速无力:观察时间 5 min 以上怠速状态下油压是否稳定在额定压力范围内,然后稳定怠速 4 000 ~5 000 r,压力衰减大于 50 kPa 为燃油泵不合格。 • 装复还原:从燃油管路中拆下燃油压力表,并恢复燃油管路连接,启动车辆检查燃油管路连接是否可靠,有无燃油渗漏。
注意事项	• 在燃油压力表与燃油分配管接头周围包一块清洁布,以吸附连接燃油压力表时泄漏的燃油,以减小起火和伤人的危险。 • 完成测试后,将清洁布放入指定的容器内。 • 在拆卸油管前先清洁油管接头。

续表

<table>
<tr><th>项　目</th><th>主要内容</th></tr>
<tr><td>小组训练</td><td>请将所测的数据记入表 2.5 中,并根据测量结果给出结论。

表 2.5
<table>
<tr><td>车型:</td><td></td><td>机型:</td><td></td></tr>
<tr><td></td><td>标准值</td><td>实际值</td><td>是否合格</td></tr>
<tr><td>怠速时的燃油压力</td><td></td><td></td><td></td></tr>
<tr><td>4 000 ~ 5 000 r/min 燃油压力</td><td></td><td></td><td></td></tr>
<tr><td>熄火后的保持压力</td><td></td><td></td><td></td></tr>
<tr><td>维修结论</td><td></td><td></td><td></td></tr>
</table></td></tr>
<tr><td>训练小结</td><td>请结合小组训练情况,总结练习心得,并对不足之处提出改进意见:</td></tr>
<tr><td colspan="2">技能训练 2:燃油泵及线路检修(自学)</td></tr>
<tr><th>项　目</th><th>主要内容</th></tr>
<tr><td>主要工具</td><td>万用表、试灯、翼子板防护罩、燃油压力表</td></tr>
<tr><td>操作方法</td><td>1. 燃油泵线路及管路检修(所有图片以欧诺车型为例)。
● 测量蓄电池(电瓶)电压。在启动瞬间,测量蓄电池电压,蓄电池电压不低于 9 V,静态蓄电池电压不低于 12.5 V。如蓄电池电压不满足上述条件,请将蓄电池充电。
● 检查燃油泵相关保险、继电器。打开前罩盖,揭开主保险盒盖子,按照保险盒盖标签上的位置,检查燃油泵相关保险、继电器,保险盒部件布置如图 2.20 所示。若油泵保险和继电器有故障,给予处理。

图 2.20
● 检查燃油泵相关接插件:检查图 2.21 所示的四处接插件是否有端子退出现象,将端子处理后重新插入接插件。</td></tr>
</table>

续表

<table>
<tr><th>项　目</th><th>主要内容</th></tr>
<tr><td>操作方法</td><td>

位于发动机舱，底盘线束与发动机舱线束对接的接插件

位于发动机舱的 ECU 接插件

下车体横梁上，底盘线束与油泵线束对接的接插件

油箱上，油泵线束与油泵对接的接插件

图 2.21

• 检查搭铁片是否松动、表面是否有污泥：检查副驾驶座下及左前大灯下方的两组线束搭铁片是否松动，表面是否有污泥等，如有，用砂纸打磨车身搭铁片安装面及搭铁螺钉配合面后，重新将搭铁片打紧。

ECU 搭铁点

油泵搭铁点

图 2.22

• 检查油泵管路等是否存在泄漏、精滤器堵塞或超过使用期。

查看位于油箱旁边的滤清器油管接口、燃油泵与油管相连的进油口和出油口、油箱表面有无漏油痕迹等；若精滤器堵塞或超过使用期，则更换精滤器。

图 2.23

2. 燃油显示不准的问题（在怀疑仪表故障之前，先检查燃油泵相关线路）

（1）检查搭铁片是否松动、表面是否有污泥

仪表接地点是否松动、表面是否有污泥等杂质。如有，则将搭铁片取下，用砂纸打磨车身搭铁片安装面及搭铁螺钉配合面后，重新将搭铁片打紧。
</td></tr>
</table>

续表

项　目	主要内容
操作方法	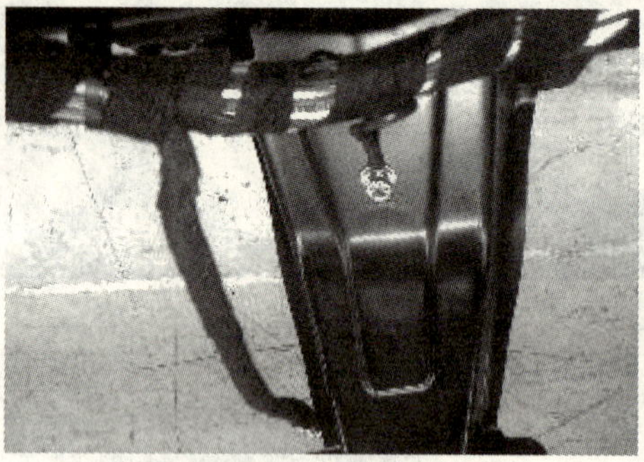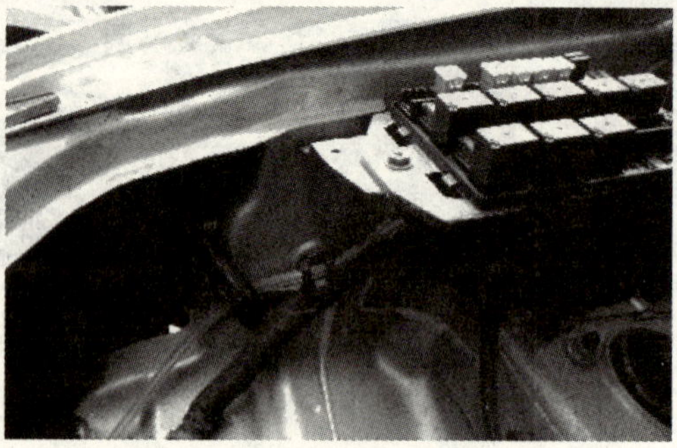 转向支撑上的组合仪表搭铁点　　发动机舱主保险盒附近的油泵搭铁点 图 2.24 (2)仪表指示相关接插件 ● 检查以下四处接插件是否有端子退出现象,将端子处理后重新插入接插件。 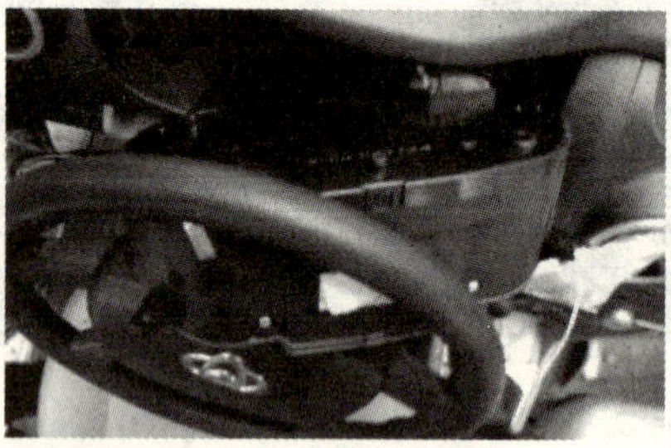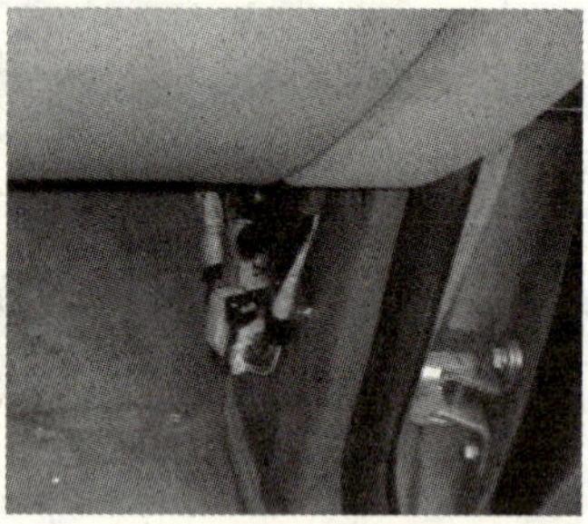 位于仪表后组合仪表蓝色接插件　　位于仪表台板右侧的仪表台板线束与底盘线束对接的 26 芯接插件 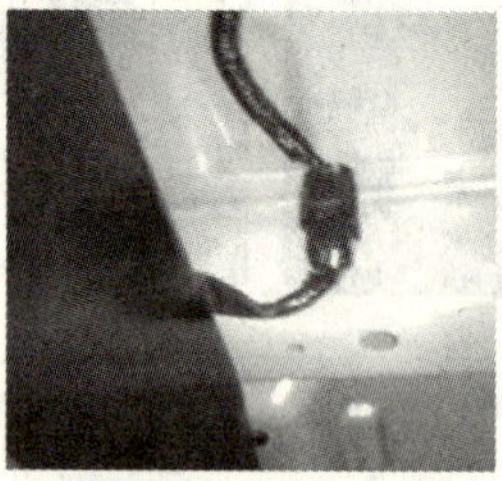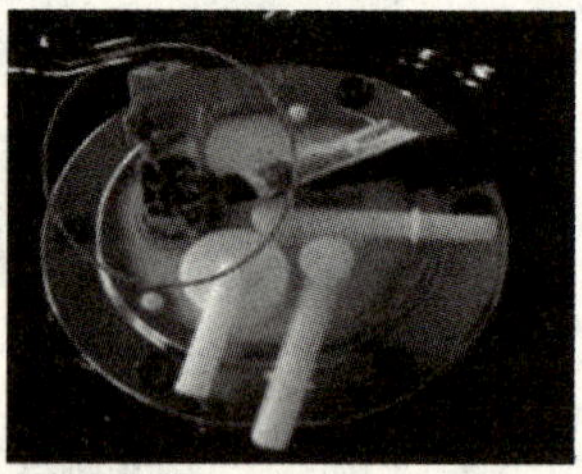 位于地板横梁处底盘与油泵线束对接的接插件　　位于油箱上油泵线束与油泵对接的接插件 图 2.25 (3)燃油表问题 举升机举起故障车,拔下油泵底盘线束接插件,用万用表测量油箱端较细的

续表

项　目	主要内容
操作方法	红黄线和黑线对应的插片之间电阻是否和仪表显示对应，请参见“阻值-显示对应表”（以欧诺为例）。如不能对应，请用试错法更换新仪表观察是否解决问题。

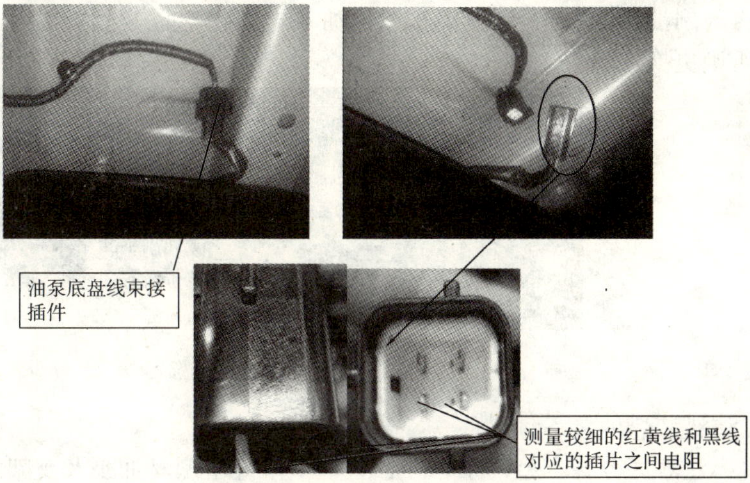

图 2.26

表 2.6　阻值—显示对应表

40 L 油箱对应的燃油泵传感器等参数	指示刻度线	0 格	1 格	2 格	3 格	4 格	5 格	6 格	7 格	8 格	9 格	10 格
	允许误差/Ω	±3	±3	±3	±3	±3	±3	±3	±3	±3	±3	±3
	传感器阻值/Ω	260	250	230	210	190	170	150	130	100	70	30
	对应油位/L	0 ~ 4	4 ~ 7	7 ~ 10	10 ~ 13	13 ~ 16	16 ~ 20	20 ~ 24	24 ~ 28	28 ~ 32	32 ~ 36	>36
50 L 油箱对应的燃油泵传感器等参数	指示刻度线	0 格	1 格	2 格	3 格	4 格	5 格	6 格	7 格	8 格	9 格	10 格
	燃油传感器阻值/Ω	>340	307 ~ 340	288 ~ 307	256 ~ 288	223 ~ 256	191 ~ 233	159 ~ 191	127 ~ 159	94 ~ 127	62 ~ 94	<62
	对应油位/L	0 ~ 4	4 ~ 7	7 ~ 10	10 ~ 15	15 ~ 20	20 ~ 25	25 ~ 30	30 ~ 35	35 ~ 40	40 ~ 45	>45
备注：因存在制造等误差，传感器各基准值均有 ±3 Ω 公差												

续表

<table>
<tr><th>项　目</th><th>主要内容</th></tr>
<tr><td>操作方法</td><td>

(4)油箱问题

油箱副油槽与油泵浮子干涉,取下油箱时,去掉燃油泵安装盘,目测浮子是否与副油槽侧壁干涉;故障车取的油泵与新件对比是否一致,不一致更换油泵,否则更换油箱。

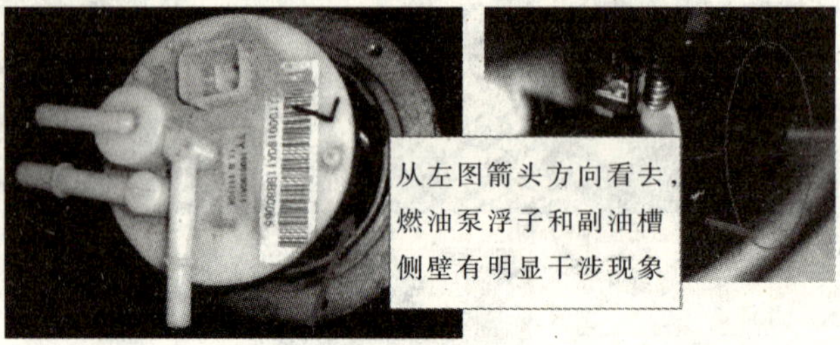

图 2.27

(5)错装燃油泵

注意区分各车型油泵,如欧诺、金牛星等车型燃油泵及支架总成区分方式:

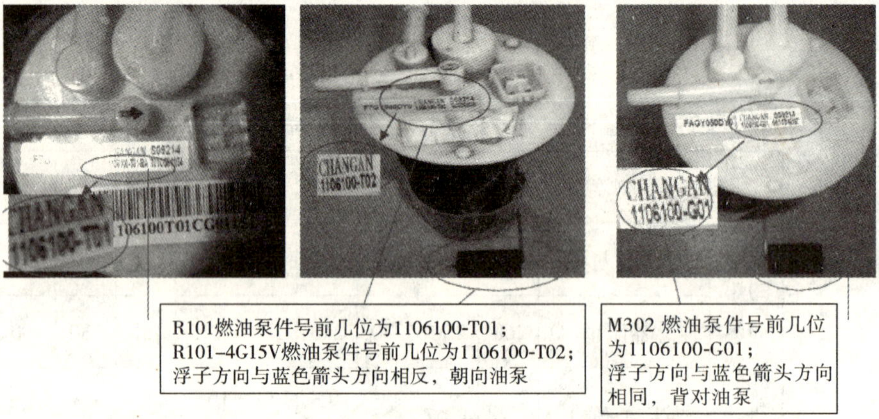

图 2.28

(6)油量传感器电路故障

拆下燃油泵:

- 观察浮子杆是否有明显弯曲或变形、浮子是否可自由转动、浮子在汽油中是否可正常浮起、传感器是否有损坏等。
- 如果传感器很脏,则用汽油清洗电阻片后重新安装检测。
- 如法兰盘插针和传感器是被腐蚀,则更换油泵。
- 如果接插件有端子退出现象,将端子处理后重新插入插接件后重新检测。
- 按照各种燃油泵的"阻值—显示对应表格"测量各高度与阻值关系,用万用表(欧姆挡)连接传感器信号线,然后将浮子杆由最低点至最高点缓慢摆动,观察过程中阻值是否由大到小缓慢均匀变化,有无断路或阻值异常波动现象,如有,则更换油泵。

</td></tr>
</table>

续表

项　目	主要内容
操作方法	如以上排查后均未发现问题，请用试错法更换新油泵观察是否解决问题。

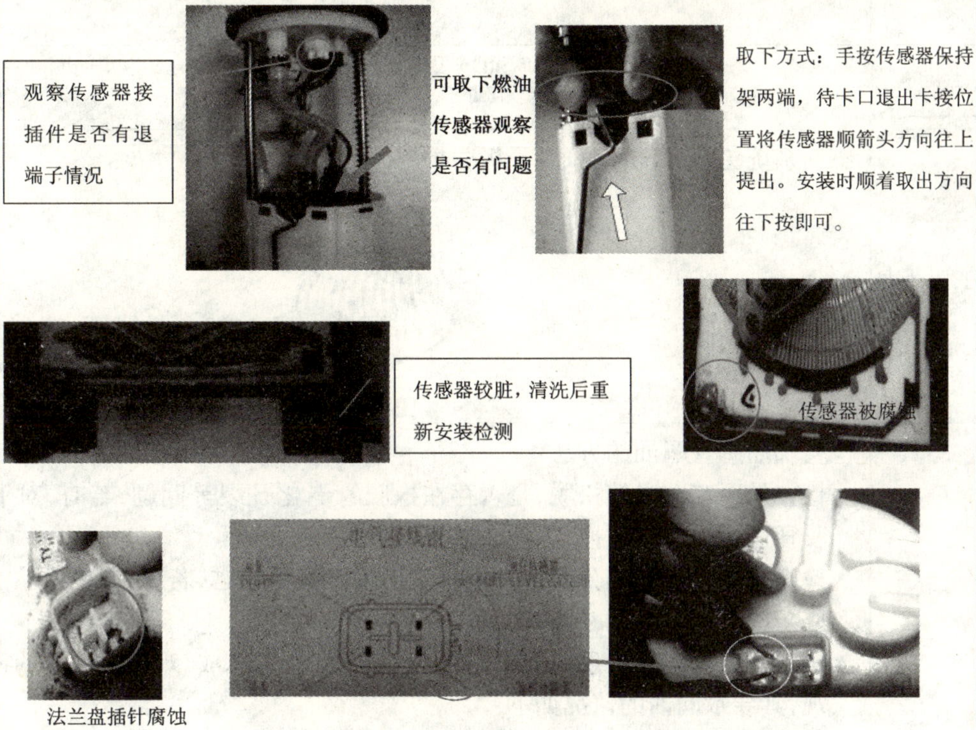

图 2.29

项　目	主要内容
注意事项	• 更换新的燃油泵总成时，需要更换新的密封圈。 • 更换新的燃油泵时注意选择正确的型号，不要误选其他型号燃油泵。
小组训练	请结合完成过程，将相关结果记录入表 2.7 中，并根据检测结果给出结论。

表 2.7

项　目	内　容	结果及处理方法
线路检测	燃油泵保险有无损坏	
	油泵继电器有无损坏	
	油泵及 ECU 接地是否良好	
	油泵线路插接件接触是否良好	
	油泵管路有无渗漏	
油泵压力检测	油泵工作压力和保持压力	工作压力：
		保持压力：
维修结论		

续表

<table>
<tr><th>项　目</th><th>主要内容</th></tr>
<tr><td>训练小结</td><td>请结合小组训练情况,总结练习心得,并对不足之处提出改进意见:</td></tr>
<tr><td colspan="2">技能训练3:喷油器及燃油管检修(自学)</td></tr>
<tr><th>项　目</th><th>主要内容</th></tr>
<tr><td>主要工具</td><td>燃油系统免拆清洗设备、翼子板防护罩
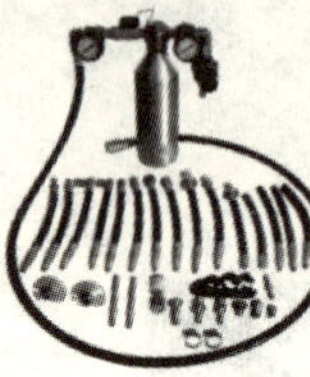
图2.30</td></tr>
<tr><td>操作方法</td><td>检查燃油总管漏油的方法:
• 检查是否存在卡箍松脱,是否存在橡胶管老化开裂等问题,若有,对卡箍和橡胶管进行修理或更换,若无,则进行下一步。
• 检查是否存在燃油分配管焊接位置出现开裂等问题,若有,则更换燃油总管总成,若无,则进行下一步。
• 按照电喷系统维修手册要求,正确拆卸燃油总管总成,观察喷油器的密封圈外观,其导致漏油的情况如下:

(a)密封圈扭曲　(b)密封圈被污染　(c)密封圈割坏
图2.31
若出现以上密封圈失效的情况,应进行更换。若无,因此可排除燃油总管总成引起的漏油故障,需继续排查其他系统存在的漏油现象。
通过外部检查和排除法检查确定油轨喷嘴总成有问题时,应按照如下步骤要求正确拆卸与装配油轨喷嘴总成。
发动机装饰罩→节气门体进水管及曲通通风管等管路→节气门体→燃油总管总成。装配步骤与拆卸步骤相反,其中油轨喷嘴总成装配要求如下:
• 针对一定的喷油器必须使用一定的插头,不得混用。
• 为了便于安装,推荐在与燃油分配管相连接的上部O形圈的表面涂上无硅的洁净机油。注意不要让机油污染喷油器内部及喷孔。</td></tr>
</table>

续表

<table>
<tr><th>项　目</th><th>主要内容</th></tr>
<tr><td>操作方法</td><td>
• 将喷油器以垂直于喷油器座的方向装入喷油器座,然后用卡夹将喷油器固定在喷油器座上。
• 安装喷油器时,注意不要损伤 O 形环。
• 喷油器的安装用手进行,禁止用锤子等工具敲击喷油器。
• 拆卸和重新安装喷油器时,必须更换 O 形圈。此时不得损伤喷油器的密封面。
• O 形圈的支承垫圈不得从喷油器中拔出。安装时应避免损坏喷油器的进油端、O 形圈、支撑环、喷孔板及电插头。如有损坏,应禁止使用。
• 安装完喷油器后进行燃油分配管总成密封性检测。无泄漏者方为合格。
• 失效件要用手工拆卸。先拆下喷油器的卡夹,然后从喷油器座上拔出喷油器。
• 拆卸后应保证喷油器座的清洁,避免污染。
</td></tr>
<tr><td>注意事项</td><td>
• 喷油器卡夹按定位方式分为轴向定位卡夹和轴径向定位卡夹,应避免错用。
• 对于轴向定位的喷油器的安装,应确保卡夹中间的卡口完全卡入喷油器的卡槽内,卡夹两侧的卡槽完全卡入喷油器座的外缘翻边。
• 同时有轴向和径向定位要求的喷油器在安装时应使用轴径向定位卡夹并使喷油器的定位块及喷油器座定位销分别位于定位卡夹上对应的卡槽内。
• 若喷油器有两条卡槽,应注意不要卡错,可参照原件的安装位置。
</td></tr>
<tr><td>小组训练</td><td>
1. 检查燃油系统油路是否存在漏油的情况:
表 2.8
<table>
<tr><th>检查项目</th><th>检查结果</th><th>处理方法</th></tr>
<tr><td>喷油嘴卡箍</td><td></td><td></td></tr>
<tr><td>橡胶管</td><td></td><td></td></tr>
<tr><td>燃油分配管焊接处</td><td></td><td></td></tr>
<tr><td>喷油器密封圈</td><td></td><td></td></tr>
</table>
2. 清洗燃油系统油路,简要说明任务实施过程及注意事项,并填入表 2.9 中。
表 2.9
<table>
<tr><th>序　号</th><th>工作步骤</th><th>主要工具/辅具</th><th>注意事项</th></tr>
<tr><td>1</td><td></td><td></td><td></td></tr>
<tr><td>2</td><td></td><td></td><td></td></tr>
<tr><td>3</td><td></td><td></td><td></td></tr>
<tr><td>4</td><td></td><td></td><td></td></tr>
</table>
</td></tr>
<tr><td>训练小结</td><td>请结合小组训练情况,总结练习心得,并对不足之处提出改进意见:</td></tr>
</table>

2.4 发动机总成大修

☞ 维修案例描述

重庆市区一用户反映,其使用的欧诺总里程行驶20 000 km左右后,发动机冒黑烟,有异响,动力下降,故进入维修站检修。

☞ 案例故障原因分析

(请结合你的实践经验和理解,分析该故障可能存在的原因,小组讨论主要诊断流程,记入右侧空格)

可能原因:____

____。

主要诊断步骤:

☞ 知识回顾

(请结合你所自学的理论知识回答右侧问题)

1. 四冲程发动机的工作原理:________________________

____

____。

2. EA发动机主要拆解步骤及注意事项:________________

____

____

____

____。

3. 4G15发动机主要拆解步骤及注意事项:______________

____

____

____

____。

☞ 技能训练

<table>
<tr><td colspan="2">技能训练 1:发动机总成拆装</td></tr>
<tr><td>项　目</td><td>主要内容</td></tr>
<tr><td>主要工具</td><td>发动机拆装套装工具、活塞环拆装钳、抱箍、销口扳手、扭力转角仪(如图所示)、东安发动机凸轮轴正时齿轮拆装专用工具

图 2.32　扭力转角仪
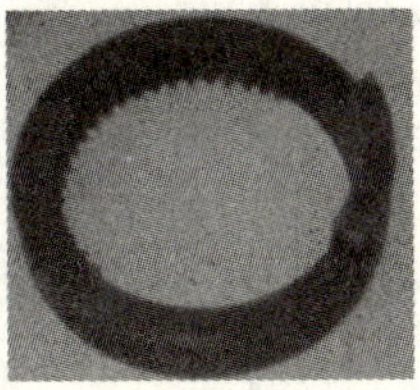
图 2.33　正时齿轮拆装专用工具</td></tr>
<tr><td>操作方法</td><td>一、EA 系列发动机总成拆装及检修要点
1. 拆装要点
● 拆卸汽缸盖罩、进排气支管、喷油器油轨及燃油管路等部件。
● 拆下与机油盘上下体、机油泵前罩壳、汽缸盖罩总成连接的所有外围零部件及进气机构和右悬挂支架软垫总成。
● 拆下机油盘下体总成和机油集滤器总成,机油盘上体。
● 拆下水泵皮带轮。
● 拆下曲轴皮带轮、机油泵前罩壳总成。
● 拆卸正时机构:旋转曲轴,使凸轮轴的两个正时标记竖直向上,如图 2.34 所示;察看曲轴皮带轮标记点位置,如图 2.35 所示,若对准机油盘前罩壳总成上的标记 0 点,则正时对齐。若正时链条总成上的正时标记模糊不清,可按以下方法做标记:以任意链板外上做标记,作为起始点;以起始点作为第一标记,顺时针方向在第 9 和第 43 个外链板上作第二、第三个标记,以此三个标记作为正时标记(装配时,第一标记点与进气凸轮轴链轮标记点对齐,第二标记点与排气凸轮轴链轮标记点对齐,第三标记点与曲轴链轮对齐),如图 2.36 所示。
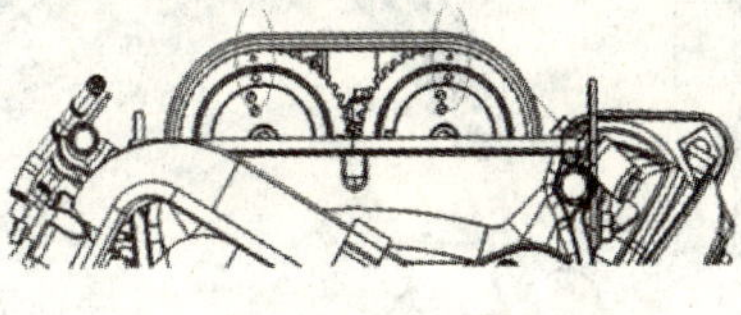
图 2.34
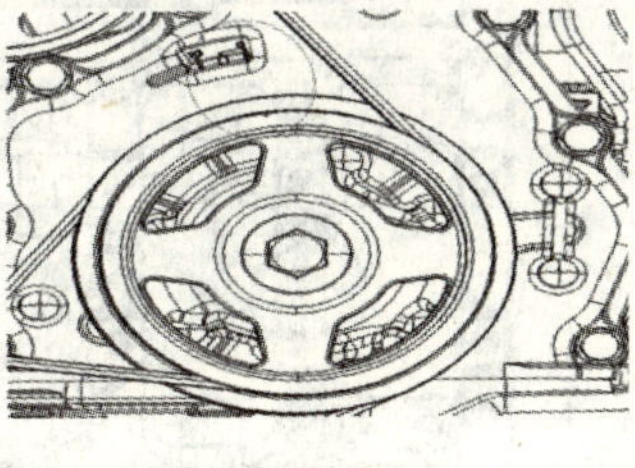
图 2.35
● 依次拆下液压张紧器总成、链条张紧轨总成、链条导向轨总成、正时链条总成、曲轴正时链轮。
● 拆下凸轮轴盖和凸轮轴。拆卸凸轮轴盖螺栓时,按 E5#→I5#→E2#→I2#→E4#→I4#→I/E1#→E3#→I3#的顺序进行。
● 拆下缸盖连接螺栓,并将汽缸盖从缸体上取下。</td></tr>
</table>

续表

项　目	主要内容
操作方法	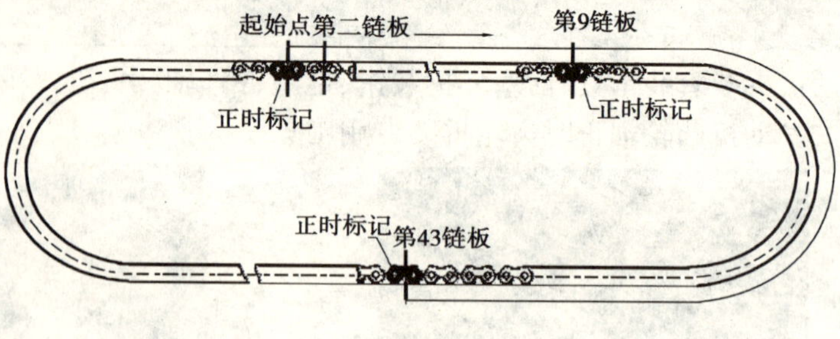 图 2.36 ● 拆卸连杆螺栓,取下连杆盖,将活塞和连杆从汽缸上端推出,注意取下止推片。 ● 用铅笔或快干漆在所有的活塞、连杆和连杆瓦盖上标注汽缸号(记住取下一个标记一个,避免标错)。 ● 拆卸曲轴后端盖和主轴承盖,主轴承盖拆卸顺序两边往中间对角拆卸,取下曲轴,注意不要遗漏止推片。 ● 完成相关部件的清洗和检查。 ● 检修完毕后,按照拆卸相反顺序进行装配,其中重点注意以下部件的装配要求: ➢曲轴主轴承盖螺栓安装顺序如图 2.37 所示,拧紧方式如下: 对全部主轴承盖螺栓按左图拧紧顺序(1 ~ 10)或者同步,以不超过 20 r/min 的转速施以(25 ±2) N · m 的预紧力拧紧。 对全部主轴承盖螺栓按左图拧紧顺序(1 ~ 10)或者同步,在保证力矩为 25 N · m的条件下,以不超过 20 r/min 的转速旋转 45°,角度从 25 N · m 开始计。 ➢曲轴后端盖装配时涂注了密封胶,重新安装时请涂注密封胶,涂胶线路如图 2.38 所示。 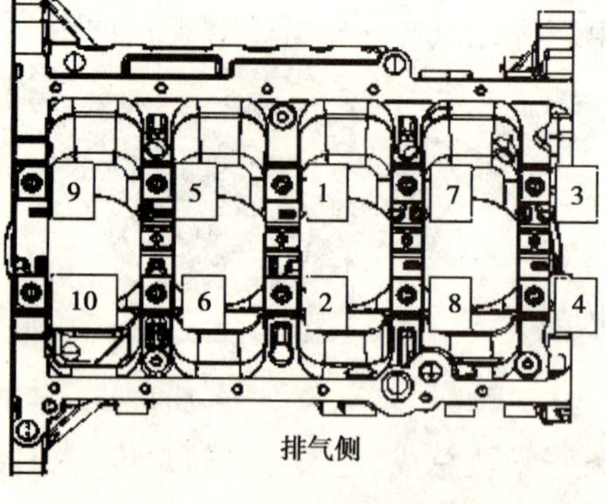 图 2.37 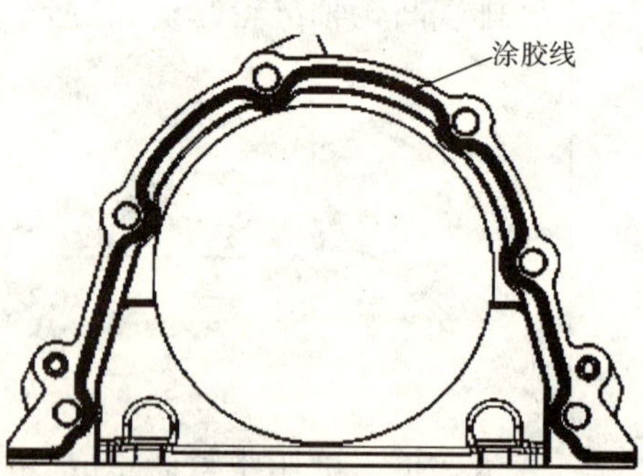 图 2.38

续表

<table>
<tr><th>项 目</th><th>主要内容</th></tr>
<tr><td>操作方法</td><td>➢曲轴后油封需用油封压装机或专用工装将曲轴后油封总成压入曲轴后端盖(其压力应不大于3 920 N),曲轴后油封总成端面应与曲轴后端盖安装面平行,以曲轴后端盖机加面为基准,曲轴后油封压装后顶面高度为(9.8 ±0.2)mm油封端面平面度不大于0.2 mm,油封弹簧不得移位或脱落,在取拿过程中应避免异物接触及碰划伤油封唇口,取拿过程中切勿手碰唇口。若在无工装保证的情况下,请用方形木块垫在油封上,用榔头敲击,注意要保证油封平稳敲入,敲入后检查是否满足要求。
➢安装活塞连杆:
给活塞、活塞环、汽缸壁、连杆轴瓦和曲轴连杆轴颈上涂汽油机油。
将活塞和连杆组装进汽缸时,活塞顶凹坑应位于进气侧,活塞顶面的方向标记“→”指向汽油机前端。
将活塞和连杆组装进汽缸。用活塞环压缩器压缩活塞环,将连杆放在曲轴上。用一个锤子柄,敲活塞头,将活塞安装在汽缸里。紧靠着汽缸体,握着活塞环压缩器,直至所有的活塞环都进入汽缸内。
安装连杆盖:当安装连杆盖时,要确定盖上的凸台标志全指向曲轴皮带轮一侧。连杆螺栓紧固扭矩:对全部连杆盖螺栓(带垫片)以不超过20 r/min的转速,以15 N·m的拧紧力预紧。保证力矩在15 N·m条件下,然后以不超过20 r/min的转速旋转90°拧紧。
➢缸盖连接螺栓按以下方法逐步拧紧:
对全部缸盖连接螺栓(带垫片)按照图2.39所示的拧紧顺序或者同步,以不超过20 r/min的转速,以(25 ±2) N·m的拧紧力预紧。
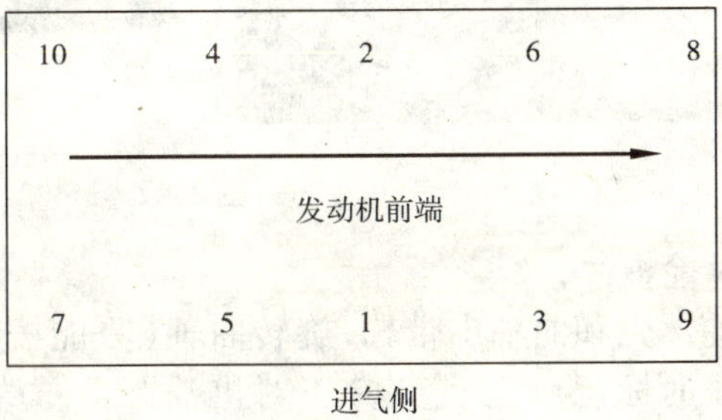

图2.39
对全部缸盖连接螺栓(带垫片)按照图示拧紧顺序或者同步,保证力矩在25 N·m的条件下,以不超过20 r/min的转速旋转90°拧紧,角度从25 N·m开始。
➢安装凸轮轴:在进排气凸轮轴的凸轮和轴颈上、缸盖的凸轮轴轴承座上和气门挺柱上涂上发动机机油,并将凸轮轴放到缸盖上,然后将凸轮轴盖安装到凸轮缸盖上。装上凸轮轴盖螺栓,拧紧按I3#→E3#→I/E1#→I4#→E4#→I2#→E2#→I5#→E5#的顺序进行,拧紧时先预紧(预紧扭矩必须小于拧紧扭矩),然后才把它们拧紧到规定的扭矩,拧紧扭矩:(13 ±1) N·m。</td></tr>
</table>

续表

项　目	主要内容
操作方法	➢装配正时链条,重点对正正时装配位置标记: 进、排气凸轮轴正时链轮按上图标记对齐,如图 2.40 所示。 旋转曲轴,使曲轴前端半圆键与曲轴箱上箭头标记对齐(第四缸活塞处于上止点),如图 2.41 所示。 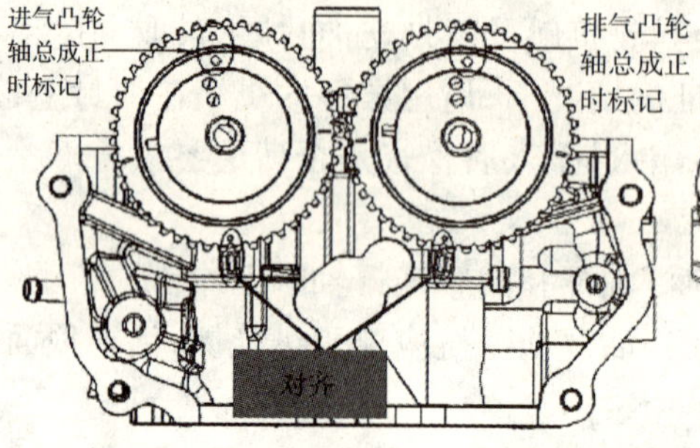 图 2.40 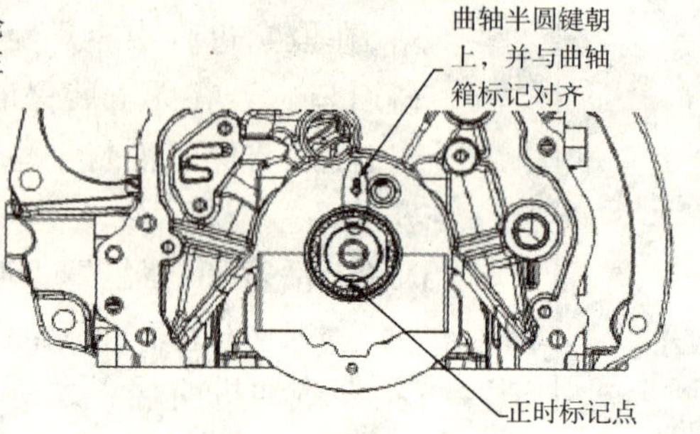 图 2.41 装配正时时,以上"1"与"2"调整顺序不能互换。 正时链条总成链条上有 3 个正时标记的链节,其中 2 个黄铜色标记与进、排气凸轮轴总成正时标记点对齐,另一标记与曲轴正时链轮正时标记点对齐,如图 2.42 所示。 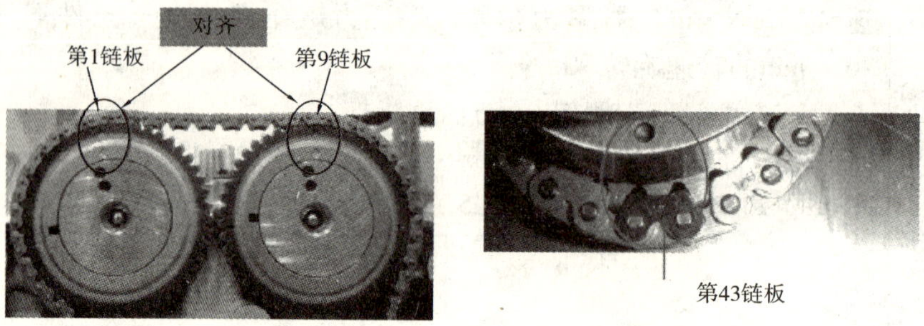 图 2.42 ➢正时检查: 装上前罩壳和曲轴皮带轮,旋转曲轴(只能按照发动机旋转方向旋转),曲轴皮带轮正时标记点(白色点)正对机油泵前罩壳总成正时点("0"点),如图 2.43所示。 检查凸轮轴正时链轮正时标记。如正时正确,则凸轮轴链轮标识与缸盖上表面平齐(如图 2.43 所示),否则正时错误;如未观察到凸轮轴链轮正时标记,则旋转 1 周曲轴皮带轮再检查。 2. 选瓦配轴 如果轴瓦不正确,或轴瓦间隙超过技术要求,则按以下方法更换新的标准轴瓦。 (1)曲轴轴瓦的选配 曲轴轴瓦级别 = 基数 8 − 主轴颈级别 − 主轴孔级别

续表

项 目	主要内容
操作方法	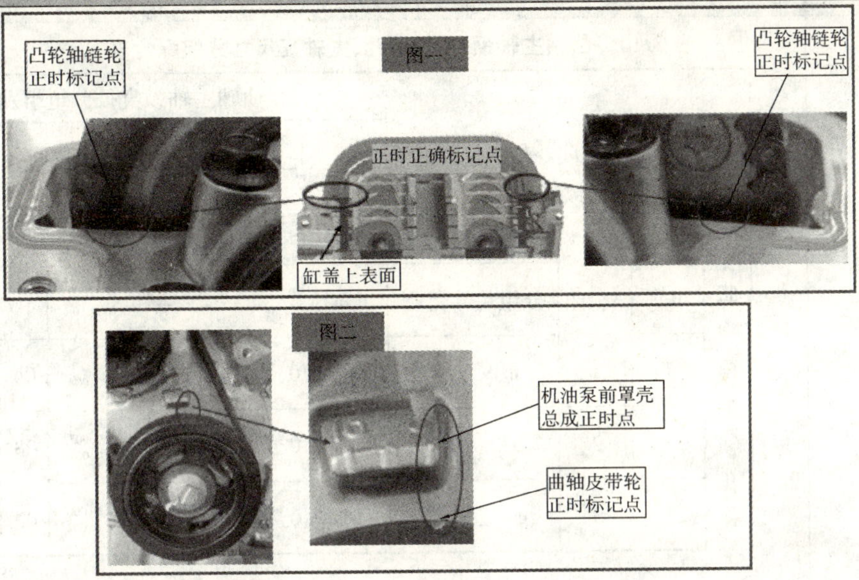 图 2.43 (2)连杆轴瓦的匹配 连杆瓦级别 = 基数7 - 连杆轴颈号 - 连杆编码号 轴径号、孔径号表示如图2.44所示。轴颈、轴承孔、轴瓦尺寸分组配合如表2.10和表2.11所示。  图 2.44

续表

项目	主要内容
操作方法	见下文表2.10、表2.11、表2.12

表2.10　曲轴主轴颈、主轴承孔、主轴瓦尺寸分组配合表　单位:mm

配合间隙 0.006~0.026				曲轴主轴颈直径分组组别					
				1		2		3	
				分组标记					
				1		2		3	
曲轴箱主轴孔径	组别	标记	分组尺寸范围	$\phi45_{-0.006}^{0}$		$\phi45_{-0.012}^{-0.0061}$		$\phi45_{-0.018}^{-0.0121}$	
	1	1	$\phi49_{0}^{+0.006}$	06	$2.0_{-0.007}^{-0.003}$	05	$2.0_{-0.004}^{0}$	04	$2.0_{-0.001}^{+0.003}$
	2	2	$\phi49_{+0.0061}^{+0.012}$	05	$2.0_{-0.004}^{0}$	04	$2.0_{-0.001}^{+0.003}$	03	$2.0_{+0.002}^{+0.006}$
	3	3	$\phi49_{+0.0121}^{+0.018}$	04	$2.0_{-0.001}^{+0.003}$	03	$2.0_{+0.002}^{+0.006}$	02	$2.0_{+0.005}^{+0.009}$

表2.11　曲轴连杆颈、连杆大孔、连杆轴瓦尺寸分组配合表　单位:mm

配合间隙 0.020~0.040				曲轴连杆轴颈直径分组组别					
				1		2		3	
				分组标记					
				1		2		3	
连杆大头孔径	组别	标记	分组尺寸范围	$\phi38_{-0.006}^{0}$		$\phi38_{-0.012}^{-0.0061}$		$\phi38_{-0.018}^{-0.0121}$	
	1	1	$\phi41_{0}^{+0.006}$	05	$1.5_{-0.014}^{-0.010}$	04	$1.5_{-0.011}^{-0.007}$	03	$1.5_{-0.008}^{-0.004}$
	2	2	$\phi41_{+0.0061}^{+0.012}$	04	$1.5_{-0.011}^{-0.007}$	03	$1.5_{-0.008}^{-0.004}$	02	$1.5_{-0.005}^{-0.001}$
	3	3	$\phi41_{+0.0121}^{+0.018}$	03	$1.5_{-0.008}^{-0.004}$	02	$1.5_{-0.005}^{-0.001}$	01	1.5 ± 0.002

3. EA发动机关键螺栓的采购与维修

EA系列(EA12/EA14/EA10)发动机的关键螺栓是通用的。在装配时不允许重复使用,必须更换新的螺栓。具体的螺栓明细如表2.12所示。

表2.12

零件名称	主轴承盖螺栓	连杆螺栓	缸盖链接螺栓	曲轴皮带轮螺栓
零件号	1002041-H01	1004033-H01	1000010-H01	1000033-H01
备件号	EA002-2100	EA004-1100	EA003-0900	EA011-0700

续表

项 目	主要内容
操作方法	（见下）

EA 发动机拆装维修过程中必须按照以下方式进行螺栓操作。螺栓力矩采用扭力转角法拧紧，关键螺栓及其拧紧力矩与转角如表 2.13 所示。

表 2.13

螺 栓	预紧力矩及转角	控制力矩/N·m
缸盖螺栓	25 N·m+90°	40~90
主轴承盖螺栓	（原）25 N·m+45° （新）35 N·m+40°	40~90
连杆盖螺栓	15 N·m+90°	25~55
曲轴皮带轮螺栓	90 N·m+90°	220 左右
飞轮安装螺栓		74±2 N·m
机油压力传感器螺栓		（原）21±2 N·m （新）16±3 N·m
发动机支架螺栓		65±5 N·m
凸轮轴轴承盖螺栓		(13±2) N·m(其余 M6 为(10±1) N·m)

扭力转角法是对螺栓分两次拧紧的方法，首先对螺栓拧紧到规定值，其次是利用扭力转角仪对螺栓旋转到规定的角度。

二、东安(4G15)发动机总成拆装要点

1. 拆装要点

(1)曲轴螺栓拆装

用如图 2.45 所示的专用工具将飞轮或驱动板锁定在相应的位置，然后拧松曲轴螺栓。安装时同样固定飞轮，拧紧螺栓扭力至 176~186 N。

➢水泵皮带轮的安装

水泵皮带轮安装后，检查水泵皮带轮与正时皮带前罩壳的间隙，间隙不低于 1.8 mm。

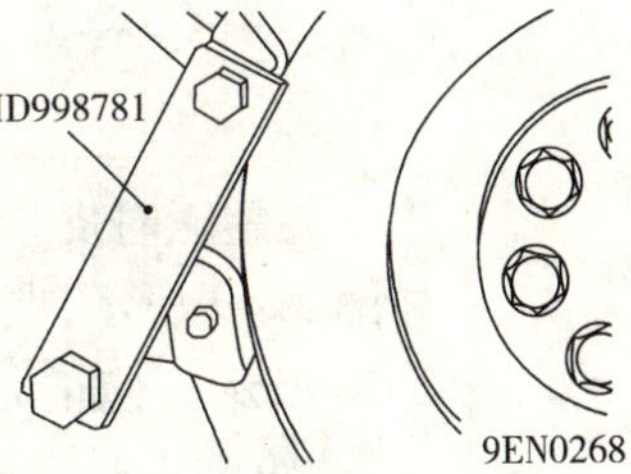

图 2.45

(2)正时机构拆装

• VVT 堵盖及 VVT 正时齿轮螺栓的拆卸：

用扳手固定凸轮轴的六角形部，拧松 VVT 堵盖和 VVT 正时齿轮螺栓。

• 正时皮带/张紧轮弹簧/正时皮带张紧轮的拆卸：

用钳子夹住张紧轮弹簧伸长端，将它从机油泵壳体限位块上拆下，然后拆下张紧弹簧，拆下正时皮带张紧轮。

如果正时皮带还要重新使用，则应在皮带上用粉笔画上箭头来表示它拆下前的旋转方向，这在重新使用时可确保正时皮带正确安装。

续表

<table>
<tr><th>项　目</th><th>主要内容</th></tr>
<tr><td>操作方法</td><td>

● VVT 正时齿轮螺栓及 VVT 正时齿轮的安装：

将 VVT 正时齿轮确实可靠地插入内部，确保定位销已插入限位孔。再用扳手将凸轮轴的六角部位固定的状态下，确认 VVT 正时齿轮不发生运转。

用扳手将凸轮轴的六角部位固定，对 VVT 正时齿轮螺栓，用干式拧紧法按规定扭矩 95 ~ 105 N · m 进行拧紧。

用扳手将凸轮轴的六角部位固定，确认 VVT 正时齿轮没有发生运转。

注意：凸轮轴的前面及 VVT 正时齿轮的插入部分（内外）这两部分要尽量少涂机油，如图 2.46 所示。

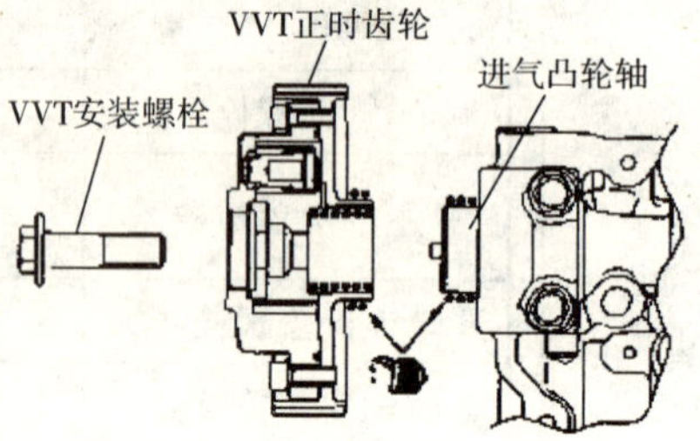

图 2.46

● 正时皮带/张紧轮弹簧/正时皮带张紧轮的装配：

装配时将正时皮带张紧轮锁定在如图 2.47 所示位置；将张紧轮弹簧的一个伸长端钩在正时皮带张紧轮的钩形部，并将张紧轮装到机油泵壳体上；夹住张紧轮弹簧的另一伸长端，并如图 2.48 所示将它钩到机油泵壳体凸耳上。以图2.48 所示方向移动正时皮带张紧轮，张紧皮带。

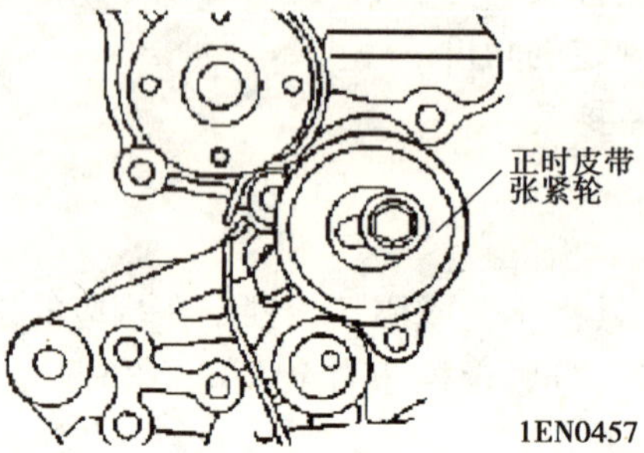

图 2.47

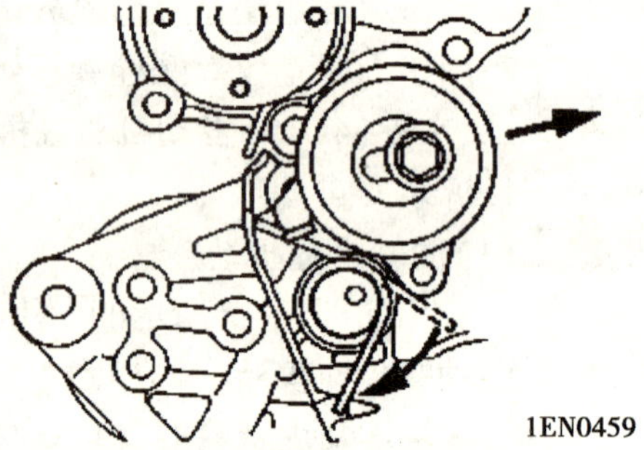

图 2.48

装配正时皮带时，将凸轮轴正时齿轮上的正时记号与缸盖的正时记号对准，如图 2.49 所示，曲轴正时齿轮上的正时记号与前壳体上的正时记号对准，如图 2.50 所示。使正时皮带的张紧侧保持张紧，并将正时皮带依次装入曲轴正时齿轮、凸轮轴正时齿轮和张紧轮皮带轮。拧松张紧轮皮带轮安装螺栓 1/4 ~ 1/2 圈，使张紧轮弹簧的张力作用到正时皮带上。以正常的旋转方向（顺时针）旋转曲轴 2 圈，检查正时记号是否正确对准，最后拧紧张紧轮皮带轮安装固定螺栓。

注意：这种方法利用曲轴驱动力矩均匀地将张力作用到正时皮带上。必须如上述方向旋转曲轴，不得反向旋转曲轴。

● VVT 堵盖的安装：

用扳手固定凸轮轴的六角形部，用 18 ~ 24 N · m 的力矩拧紧 VVT 堵盖。

</td></tr>
</table>

续表

项　目	主要内容
操作方法	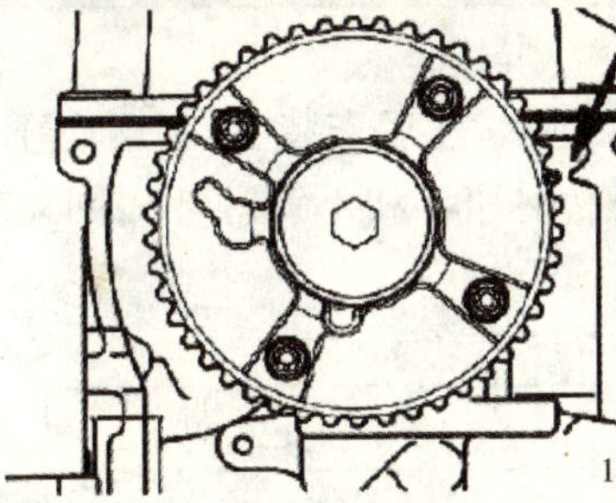 图 2.49 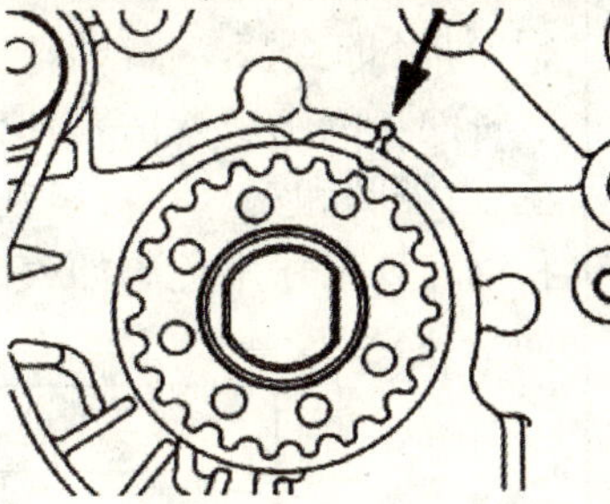 图 2.50 • 正时皮带前罩壳的安装： 正时皮带前罩壳螺栓按照如图 2.51 所示的顺序拧紧。 (3)缸盖螺栓的安装 • 在重新使用缸盖螺栓之前，检查它的名义长度是否超过规定极限值。如果测量结果超过极限值，则应更换该螺栓。极限长度为 103.2 mm。 • 按图 2.52 所示装上垫圈。 • 将发动机油涂在螺栓的螺纹部的垫圈上。 • 按如图 2.53 所示的顺序拧紧螺栓，直到每个螺栓达到力矩 49 N · m，再完全拧松螺栓。按如图 2.53 所示顺序重新拧紧螺栓，直到每个螺栓达到力矩 (20 ± 2) N · m。 • 在缸盖螺栓头和缸盖上涂油漆记号。 • 按照拧紧顺序，每个螺栓增拧 90°。 • 每个螺栓再拧紧 90°，检查螺栓头上的涂漆记号是否与缸盖上的记号对准。 注意：以上步骤仅针对于维修过程中，更换新的缸盖螺栓安装；如果是继续使用原旧螺栓，则先按照图 2.53 的顺序先将每个螺栓力矩加到(20 ± 2) N · m，然后再每个螺栓增拧 90°，最后再拧紧 90°。 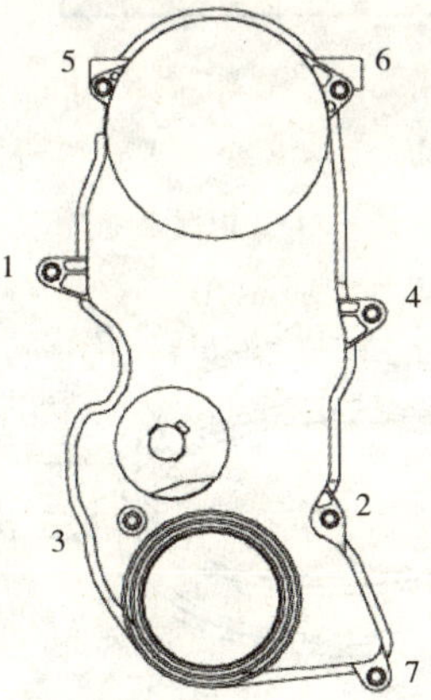 图 2.51 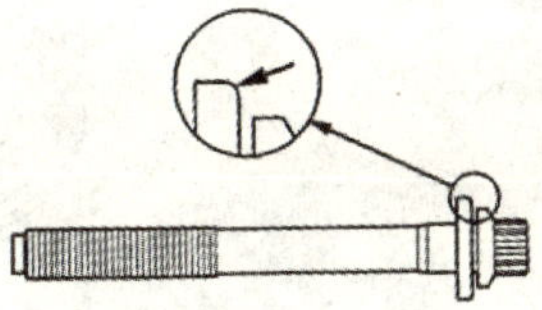 图 2.52 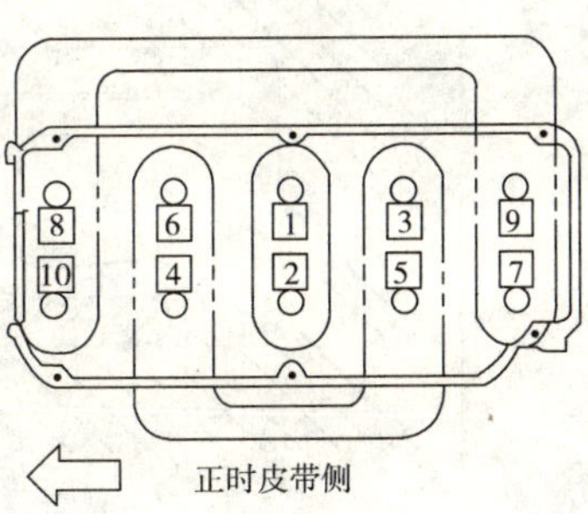 图 2.53

续表

项　目	主要内容
操作方法	(4)油环的安装

(4)油环的安装

- 将油环隔圈装入活塞环槽,如图 2.54 所示,然后安装上、下钢片环。

注意:隔圈和钢片环可装在各个方向。上钢片环和下钢片环之间无差别。隔圈和钢片环尺寸用色码如表 2.14 所示。

表 2.14

尺　寸	颜　色
标准	无
加大 0.50 mm	蓝色
加大 1.00 mm	黄色

- 为了安装钢片环,用手将钢片环一端装入槽内,然后将它的其余部分压入就位。

注意:不要用活塞环扩张器装钢片环,否则它们可能会断裂。

- 装好钢片环之后,检查它们是否能以两个方向平滑运动。
- 第 2 道活塞环/第 1 道活塞环的安装。
- 用活塞环扩张器安装第 2 道活塞环和第 1 道活塞环,它们的识别记号应向上。
- 识别记号:第一道活塞环:1T;第二道活塞环:2T。

注意:活塞环上刻有下列尺寸记号,如图 2.55 所示。

表 2.15

尺　寸	尺寸记号
标准	无
加大 0.50 mm	50
加大 1.00 mm	100

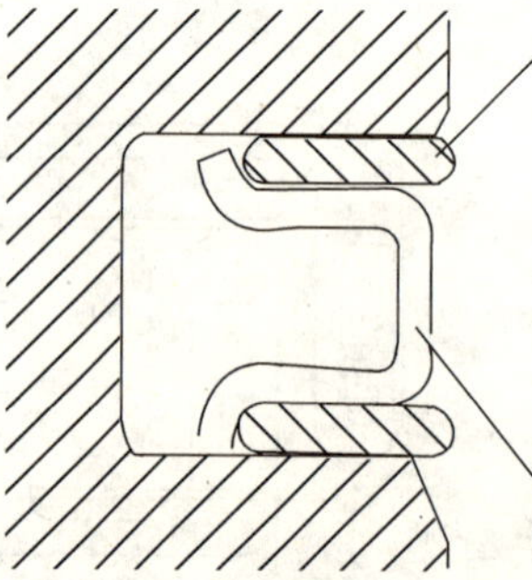

图 2.54

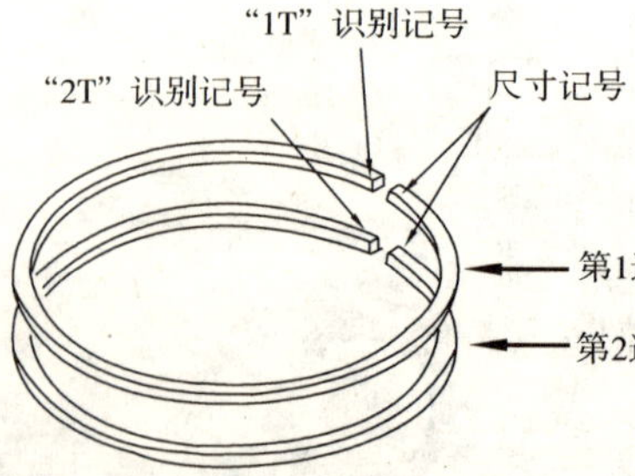

图 2.55

续表

项　目	主要内容
操作方法	(5)连杆螺栓的安装 ● 连杆螺栓和螺母利用塑性变形张紧法拧紧。螺栓在重新使用时必须检查是否刮伤。为了检查螺栓是否刮伤，用手拧螺母通过整个螺纹长度。只有当螺母能平滑地拧完全部螺纹时，才说明螺纹的螺纹部无刮伤，否则必须更换螺栓。 ● 在安装螺母之前，在它的螺纹部和座面上涂发动机机油。 ● 将螺母装到螺栓上，用手指将它们拧紧。此后，必须交替地拧紧螺母，以保证连杆盖的正确安装。螺母拧紧力矩为(16.7 ±2) N·m。 ● 在每个螺母顶部做涂漆记号，自螺母上涂漆记号顺时针方向 90°～94°，在螺栓上做涂漆记号，旋转螺母直到螺栓上的涂漆记号与螺母上的涂漆记号对准为止。 (6)主轴承盖及螺栓的安装 ● 在每个主轴承盖的地面上有主轴承盖号和一个箭头。从正时皮带侧开始，依号数次序安装主轴承盖。箭头必须指向正时皮带侧，如图 2.56 所示。 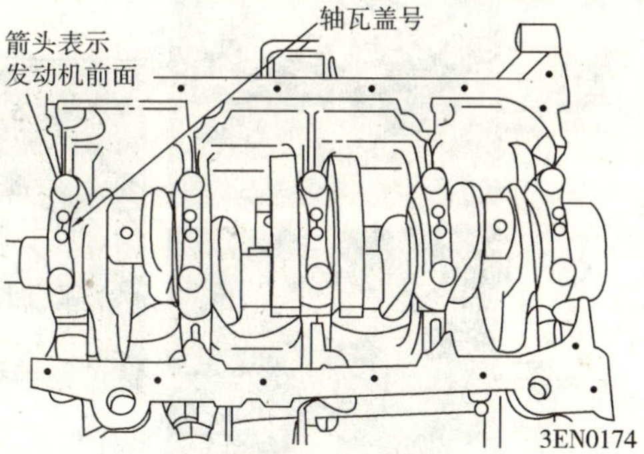 图 2.56 ● 将主轴承盖螺栓用手指拧紧。此后，必须交替地拧紧螺栓，以保证螺栓拧紧力矩为(34.3 ±2.0) N·m。 ● 在每个螺栓顶部做涂漆记号，自涂漆记号顺时针方向 30°～34°。 2. 选瓦配轴 (1)曲轴轴瓦的选配 曲轴轴瓦级别 = 主轴孔级别(缸体上) + 主轴颈级别(曲轴上) 缸体下表面有一个 5 位数的主轴孔级别的数值，如图 2.57 所示，与之对应的是曲轴上会有一组相对应的 5 位数主轴颈级别的数值，如图 2.58 所示。将主轴孔的第一位数字与主轴颈的第一位数字相加，等于多少就是 1 号轴盖瓦的级别，例如：主轴孔的第一位数字是 2，主轴颈的第一位数是 1，相加等于 3，那么 1 号轴盖瓦的配瓦级别就是 3，以此类推就能算出全部曲轴轴瓦的级别了。 注意：曲轴轴瓦一共分 5 个级别，从 1 到 5。

续表

<table>
<tr><th>项　目</th><th>主要内容</th></tr>
<tr><td>操作方法</td><td>

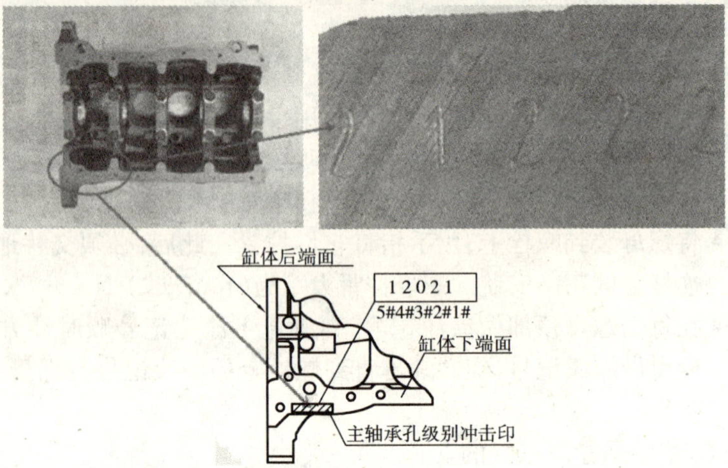

图 2.57

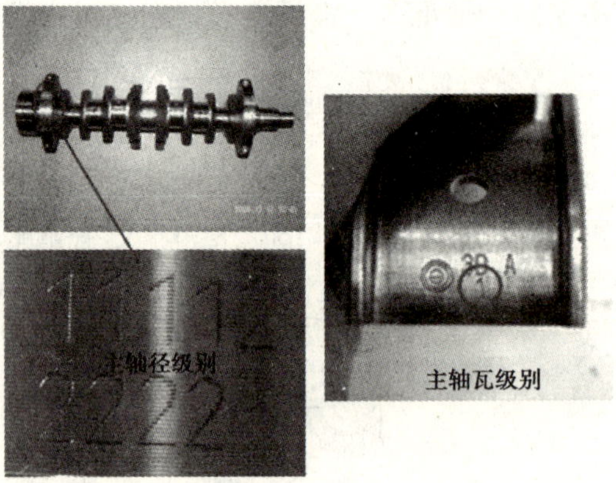

图 2.58

(2)连杆瓦的选配

连杆轴瓦级别 = 连杆轴颈级别(曲轴) + 连杆号(连杆)

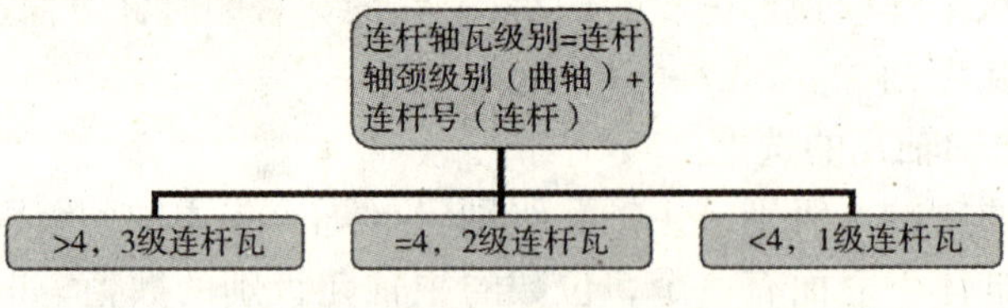

图 2.59

连杆瓦的选配跟曲轴瓦选配大致一样,首先看曲轴上面 4 位数的连杆轴颈级别,然后看所配连杆的连杆号,如图 2.60 所示。将对应的连杆轴颈级别数值与连杆号相加,大于 4 的选配 3 级连杆瓦,等于 4 的选配 2 级连杆瓦,小于 4 的选配 1 级连杆瓦。曲轴上标识的 4 位数的连杆轴颈级别,第一位是 2,所选连杆号也为 2,相加等于 4,所以选配 2 级连杆瓦。

</td></tr>
</table>

续表

<table>
<tr><th>项　目</th><th>主要内容</th></tr>
<tr><td>操作方法</td><td>
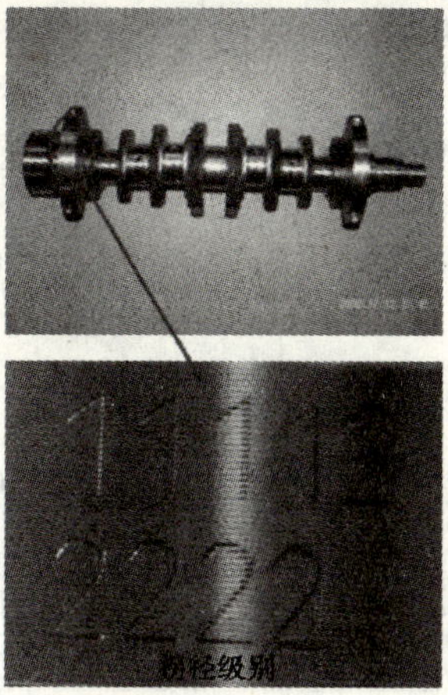

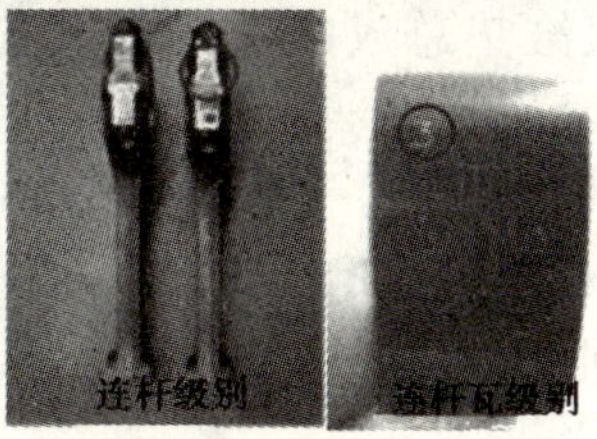

<table>
<tr><th colspan="2">选配方法</th><th>连杆瓦级别</th></tr>
<tr><td rowspan="3">拐径级别
+
连杆级别</td><td><4</td><td>1</td></tr>
<tr><td>=4</td><td>2</td></tr>
<tr><td>>4</td><td>3</td></tr>
</table>

图 2.60

3. 选配活塞

活塞级别根据缸径级别而确定，发动机缸径级别标号表示在缸体上平面缸体后端，分别用字母“A、B、C”表示，从后端往前端分别对应 1、2、3、4 缸的缸径级别，活塞级别号表示在活塞头部，如图 2.61 所示。

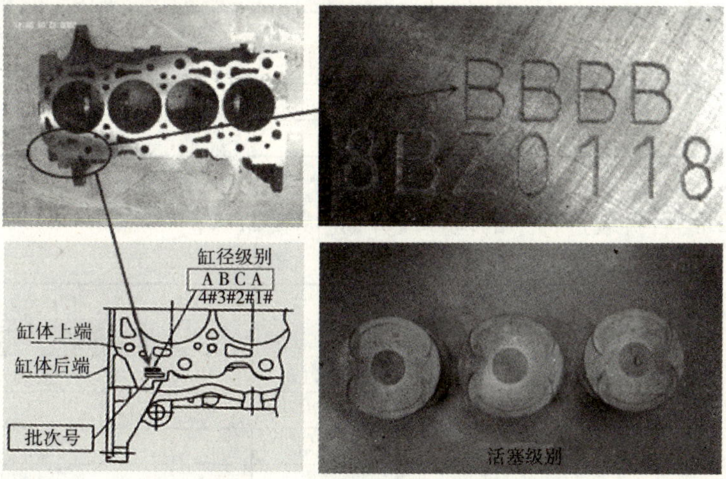

图 2.61
</td></tr>
<tr><td>注意事项</td><td>
• 拆液压张紧器时应先用锁销将张紧器固定后再拆卸。
• 拆下正时系统后，绝不能随意转动凸轮轴和曲轴。否则，活塞和气门之间会产生干涉，可能损坏活塞和气门的有关零件。
• 发动机曲轴轴承盖螺栓、连杆螺栓及缸盖螺栓的拧紧均采用扭力转角法。
• 装上水泵后，20 min 内不得添加冷却液，避免将密封胶带入水泵涡轮中。
• 拆卸管路和接头时，应做好标记。
• 维修时，缸盖连接螺栓必须更换，不可采用原来的缸盖连接螺栓。
</td></tr>
</table>

续表

<table>
<tr><th>项　目</th><th>主要内容</th></tr>
<tr><td>注意事项</td><td>
●汽缸垫总成的高压油孔应与曲轴箱上的油孔对正,有字标记面向上,不得装反。
●汽缸垫总成一经拆下便不可重复使用,重装时必须使用新的汽缸垫总成。
●装配凸轮轴时,必须确保各缸活塞基本处于同一高度,注意区分进、排气凸轮轴,进气凸轮轴要长一些。涂注的汽油机油,应是发动机所用的机油:SL 5W-30。
●参照维修手册要求,严格执行操作流程,注意安全生产。
</td></tr>
<tr><td>小组训练</td><td>
1. 按照拆装要求进行分组操作,并将主要步骤记录入表2.16。
表2.16
<table>
<tr><th>序号</th><th>步骤说明</th><th>使用工具</th><th>注意事项</th></tr>
<tr><td>1</td><td></td><td></td><td></td></tr>
<tr><td>2</td><td></td><td></td><td></td></tr>
<tr><td>3</td><td></td><td></td><td></td></tr>
<tr><td>4</td><td></td><td></td><td></td></tr>
<tr><td>5</td><td></td><td></td><td></td></tr>
<tr><td>6</td><td></td><td></td><td></td></tr>
<tr><td>7</td><td></td><td></td><td></td></tr>
<tr><td>8</td><td></td><td></td><td></td></tr>
<tr><td>9</td><td></td><td></td><td></td></tr>
<tr><td>10</td><td></td><td></td><td></td></tr>
<tr><td>11</td><td></td><td></td><td></td></tr>
<tr><td>12</td><td></td><td></td><td></td></tr>
</table>
2. 结合拆装过程中的检查任务,完成表2.17。
表2.17
<table>
<tr><td>发动机型号</td><td colspan="2"></td><td colspan="2"></td></tr>
<tr><th colspan="5">关键螺栓拧紧力矩及转角(扭力转角法)</th></tr>
<tr><td>螺　栓</td><td>拧紧力矩</td><td>角　度</td><td>拧紧力矩</td><td>角　度</td></tr>
<tr><td>曲轴皮带轮螺栓</td><td></td><td></td><td></td><td></td></tr>
<tr><td>缸盖螺栓</td><td></td><td></td><td></td><td></td></tr>
<tr><td>连杆盖螺栓/螺母</td><td></td><td></td><td></td><td></td></tr>
<tr><td>主轴承盖螺栓</td><td></td><td></td><td></td><td></td></tr>
<tr><th colspan="5">主轴瓦选配</th></tr>
<tr><td>主轴承孔级别</td><td colspan="2"></td><td colspan="2"></td></tr>
<tr><td>主轴径级别</td><td colspan="2"></td><td colspan="2"></td></tr>
<tr><td>主轴轴瓦级别</td><td colspan="2"></td><td colspan="2"></td></tr>
<tr><th colspan="5">连杆轴瓦选配</th></tr>
<tr><td>连杆级别</td><td colspan="2"></td><td colspan="2"></td></tr>
<tr><td>连杆轴颈级别</td><td colspan="2"></td><td colspan="2"></td></tr>
<tr><td>连杆轴瓦级别</td><td colspan="2"></td><td colspan="2"></td></tr>
</table>
</td></tr>
</table>

续表

项 目	主要内容
训练小结	请结合小组训练情况,总结练习心得,并对不足之处提出改进意见:

技能训练2:气门间隙检查与调整

项 目	主要内容
主要工具	塞尺,常用工具,外径千分尺

操作方法

一、G系列发动机气门间隙检查与调整(摇臂式)

- 断开蓄电池的负极电线;取下汽缸盖罩。
- 取下检修孔盖,从变速器壳体上的离合器壳上取下点火正时检查塞。
- 顺时针方向转动曲轴(从曲轴皮带轮侧观察),使飞轮上冲压的"T"标记下面的刻线与变速器壳体上的标线对准,如图2.62,图2.63所示,即1号汽缸活塞到达上止点(TDC)位置。

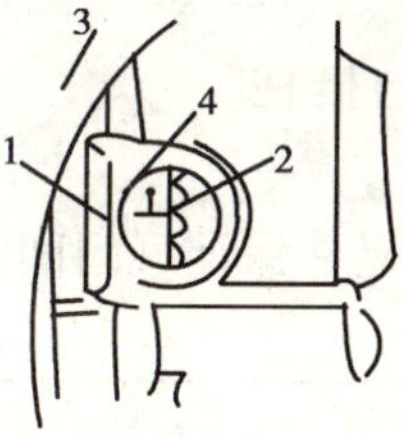

1. 对准标记
2. "T"(TDC)标记
3. 地板
4. 点火正时检查孔

图2.62

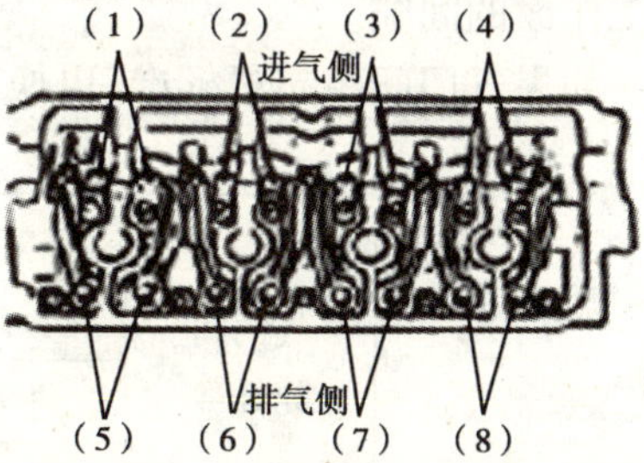

图2.63

- 检查1号汽缸的摇臂,看摇臂是否离开相应的(凸轮轴)凸轮凸齿。如果是这样,就可对图2.63中的1号、2号、5号和7号气门进行间隙检查和调整;检查1号、2号、5号和7号气门的气门间隙;如果4号汽缸的摇臂与相应的凸轮凸齿脱开,就可检查3号、4号、6号和8号气门的气门间隙,气门间隙值如表2.18所示。
- 如果气门间隙超过标准时,应进行调整使之达到标准,其方法是松开锁紧螺母,转动调节螺钉。调整后,按规定的扭矩拧紧锁紧螺母,同时保持调整螺钉的稳定,然后再次检查,保证气门间隙在规定的标准内。
- 检查和调整气门(1),(2),(5),(7)或(3),(4),(6),(8)之后,转动曲轴一整圈(360°),检查气门(3),(4),(6),(8)或(1),(2),(5),(7)的气门间隙,视需要进行调整,如图2.64所示。

续表

项 目	主要内容
操作方法	

- 当所有气门的检查,调整结束后,按拆卸相反的顺序进行安装。

表 2.18

		冷状态(冷却液温度 15～25 ℃或 59～7 ℉)	热状态(冷却液温度 60～68 ℃或 140～154 ℉)
气门间隙标准	进气	0.13～0.17 mm (0.005～0.007 in.)	0.17～0.21 mm (0.007～0.008 in.)
	排气	0.23～0.27 mm (0.009～0.011 in.)	0.27～0.31 mm (0.011～0.012 in.)

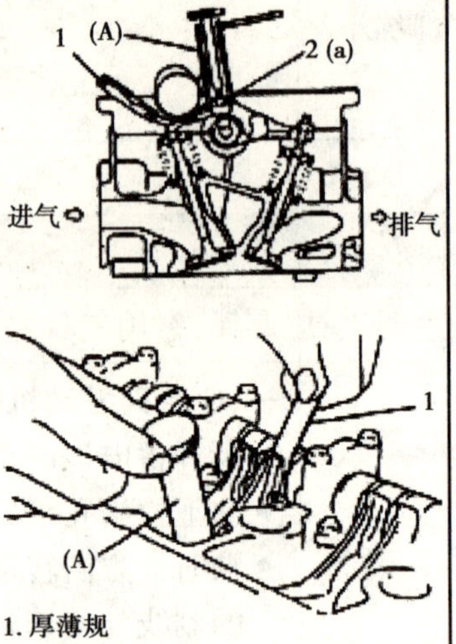

1. 厚薄规
2. 锁紧螺母

图 2.64

二、EA 发动机气门间隙检查及调整(挺柱式)

- 取下汽缸盖罩总成,检查正时标记是否对正,使1缸位于压缩上止点。
- 顺时针转动曲轴,用塞尺测量凸轮基圆与挺柱工作面的间隙。
- 如果气门间隙超过标准,更换对应的气门挺柱保证气门间隙在规定的标准内。

表 2.19

		冷状态(冷却液温度 15～25 ℃)
气门间隙标准	进气	0.16～0.24 mm
	排气	0.26～0.34 mm

- 气门挺柱选配方法如下:
  ➢气门挺柱分组如表 2.20 所示。

表 2.20

序号	D	±T	编号	序号	D	±T	编号	序号	D	±T	编号
1	3.08	0.010	308	7	3.20	0.010	320	13	3.32	0.010	332
2	3.10	0.010	310	8	3.22	0.010	322	14	3.34	0.010	334
3	3.12	0.010	312	9	3.24	0.010	324	15	3.36	0.010	336
4	3.14	0.010	314	10	3.26	0.010	326	16	3.38	0.010	338
5	3.16	0.010	316	11	3.28	0.010	328	17	3.40	0.010	340
6	3.18	0.010	318	12	3.30	0.010	330	18	3.42	0.010	342

续表

项 目	主要内容

续表

序号	D	±T	编号	序号	D	±T	编号	序号	D	±T	编号
19	3.44	0.010	344	27	3.60	0.010	360	35	3.76	0.010	376
20	3.46	0.010	346	28	3.62	0.010	362	36	3.78	0.010	378
21	3.48	0.010	348	29	3.64	0.010	364	37	3.80	0.010	380
22	3.50	0.010	350	30	3.66	0.010	366	38	3.82	0.010	382
23	3.52	0.010	352	31	3.68	0.010	368	39	3.84	0.010	384
24	3.54	0.010	354	32	3.70	0.010	370	40	3.86	0.010	386
25	3.56	0.010	356	33	3.72	0.010	372	41	3.88	0.010	388
26	3.58	0.010	358	34	3.74	0.010	374	42	3.90	0.010	390

注：

1.“D”：挺柱厚度的名义尺寸；

2.“ ±T”：挺柱厚度的公差值；

3.“编号”：位于挺柱内壁顶面，其值为 $D\times100$。

操作方法

➢首先在挺柱分组中选择一组作为标准挺柱（一般采用第 7 组 3.20）。

➢选配好的标准挺柱装配到缸盖总成上（气门、凸轮轴等件均安装到位），然后用塞尺分别检测各挺柱与凸轮轴基圆之间的间隙并做好记录，比如测得进气侧一缸第一个气门间隙为 40。

➢最后按照气门间隙标准表中规定的气门间隙与上面测量的间隙，更换合适的挺柱，比如可以选择第 17 组 3.40，则气门间隙刚好为 20。

三、C 系列发动机气门间隙检查及调整（挺柱式）

- 如图 2.65 所示，观察曲轴皮带轮的正时标记点。顺时针方向转动曲轴（从曲轴皮带轮侧观察），使曲轴正时皮带轮的正时标记与后罩壳上的曲轴正时皮带轮的正时标记对齐，且曲轴正时皮带轮的正时标记点朝向缸盖，同时，凸轮轴正时皮带轮的正时标记与后罩壳上的凸轮轴正时标记对齐，且凸轮轴正时标记点朝向缸罩，这时可用塞尺测量排气侧的 1、3 缸，进气侧的 1、2 缸。
- 顺时针方向转动曲轴，使凸轮轴正时标记“ · ”与缸盖顶面齐平，这时可分别依次使用塞尺测量 3、4 缸进气门间隙和 2、4 缸排气门间隙，如图 2.66 所示。
- 如果气门间隙超过标准（表 2.20），应根据间隙值更换对应的气门挺柱以调整气门间隙，然后再次检查，保证气门间隙在规定的标准内。
- 更换新挺柱时需计算挺柱厚度并以此为依据选取新的挺柱：气门间隙过大时，$C=B+\Delta$；气门间隙过小时，$C=B-|\Delta|$。其中，A：原始气门间隙；B：原始

续表

项　目	主要内容
操作方法	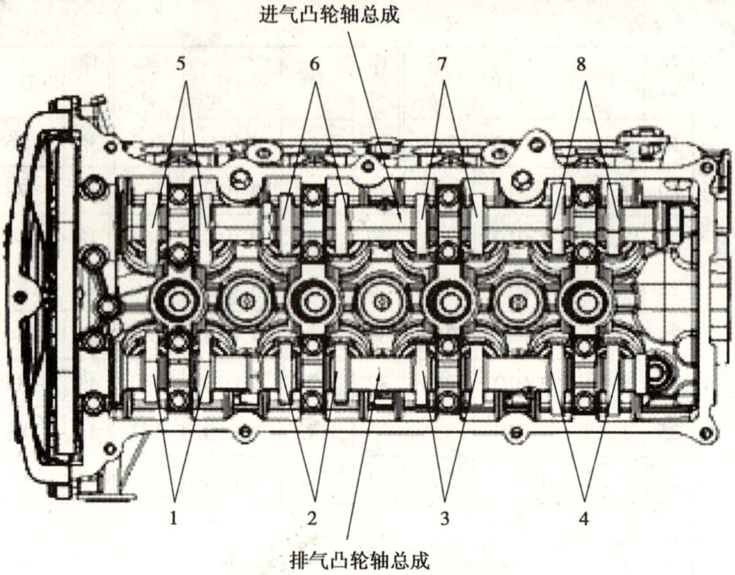 图 2.65  图 2.66 挺柱厚度(如图 2.67 所示);C:计算所需挺柱的厚度;Δ:挺柱厚度增加量,Δ = 该气门间隙原始值 A - 气门间隙标准值(进气:0.20;排气:0.28)。 据计算的挺柱厚度值选择适合的挺柱。挺柱按厚度共分 49 组:6.10,6.13,6.16,…7.27,7.30(mm),每隔0.03/0.02 mm一组。因挺柱每隔 0.03/0.02 mm 一组,建议优先选择较厚的挺柱。如计算的所需挺柱厚度值为 6.27 mm,则选择 6.30 mm 的挺柱。 • 当所有气门的检查、调整结束后,按拆卸相反的顺序进行安装。

续表

<table>
<tr><th>项　目</th><th>主要内容</th></tr>
<tr><td>操作方法</td><td>
表 2.21
<table>
<tr><td rowspan="3">气门间隙标准</td><td></td><td>冷状态(冷却液温度 15～25 ℃)</td></tr>
<tr><td>进气</td><td>0.16～0.24 mm</td></tr>
<tr><td>排气</td><td>0.24～0.32 mm</td></tr>
</table>

图 2.67(700 表示挺柱厚度 7.00 mm)
</td></tr>
<tr><td>注意事项</td><td>
• 检查气门间隙时,应将厚薄规插入凸轮与摇臂的骑面之间。
• 气门间隙每 2 万 km 里程检查一次。
• 由于热膨胀因素、调整气门间隙应在发动机冷态(室温)下进行,否则将造成测量不准。
• 在维修发动机时应注意不要将挺柱搞混。
• 在汽缸盖密封面涂胶时应注意不要将油孔堵塞,否则将引起发动机抱轴。
</td></tr>
<tr><td>小组训练</td><td>
请将所测的数据记入表 2.22 中,并根据测量结果提出结论(单位:mm)。
摇臂式配气机构气门间隙检查调整记录表:
表 2.22
<table>
<tr><td>发动机型号</td><td colspan="3"></td></tr>
<tr><td></td><td>标准值</td><td>实际值</td><td>是否合格</td></tr>
<tr><td>进气门</td><td></td><td></td><td></td></tr>
<tr><td>排气门</td><td></td><td></td><td></td></tr>
</table>
挺柱式配气机构气门间隙检查调整记录表(EA 系列):
表 2.23
<table>
<tr><td>发动机型号</td><td colspan="8"></td></tr>
<tr><td>进气侧</td><td>1</td><td>2</td><td>3</td><td>4</td><td>5</td><td>6</td><td>7</td><td>8</td></tr>
<tr><td>所选标准挺柱厚度</td><td></td><td></td><td></td><td></td><td></td><td></td><td></td><td></td></tr>
<tr><td>气门间隙</td><td></td><td></td><td></td><td></td><td></td><td></td><td></td><td></td></tr>
<tr><td>选配挺柱厚度</td><td></td><td></td><td></td><td></td><td></td><td></td><td></td><td></td></tr>
<tr><td>调整后气门间隙</td><td></td><td></td><td></td><td></td><td></td><td></td><td></td><td></td></tr>
<tr><td>排气侧</td><td>1</td><td>2</td><td>3</td><td>4</td><td>5</td><td>6</td><td>7</td><td>8</td></tr>
<tr><td>所选标准挺柱厚度</td><td></td><td></td><td></td><td></td><td></td><td></td><td></td><td></td></tr>
<tr><td>气门间隙</td><td></td><td></td><td></td><td></td><td></td><td></td><td></td><td></td></tr>
<tr><td>选配挺柱厚度</td><td></td><td></td><td></td><td></td><td></td><td></td><td></td><td></td></tr>
<tr><td>调整后气门间隙</td><td></td><td></td><td></td><td></td><td></td><td></td><td></td><td></td></tr>
</table>
</td></tr>
</table>

续表

项　目	主要内容
小组训练	挺柱式配气机构气门间隙检查调整记录表(C 系列):

表 2.24

发动机型号								
进气侧	1	2	3	4	5	6	7	8
气门间隙(*A*)								
挺柱厚度(*B*)								
所需挺柱厚度(*C*)								
选配挺柱厚度								
调整后气门间隙								
排气侧	1	2	3	4	5	6	7	8
气门间隙(*A*)								
挺柱厚度(*B*)								
所需挺柱厚度(*C*)								
选配挺柱厚度								
调整后气门间隙								

项　目	主要内容
训练小结	请结合小组训练情况,总结练习心得,并对不足之处提出改进意见:

技能训练 3:汽缸及活塞检查

项　目	主要内容
主要工具	图 2.68　量缸表；图 2.69　千分尺
操作方法	● 清洁汽缸及活塞。 ● 观察汽缸壁有无明显的刮痕、凸凹不平或隆起。如果汽缸壁非常粗糙或深刮痕或凸凹不平,则更换曲轴箱。 ● 测量汽缸直径:如图 2.70 所示,用量缸表和千分尺在距离缸体顶面 10 mm 处截圆的两个方向测量缸孔直径。如果两测量值的平均值大于 73.025 mm,则更换曲轴箱。

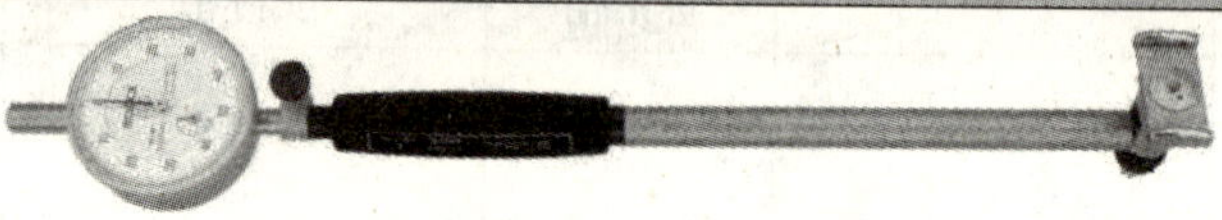

图 2.68　量缸表

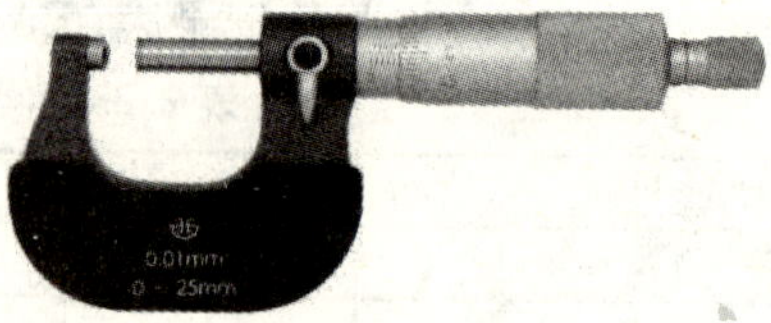

图 2.69　千分尺

续表

项　目	主要内容
操作方法	●检查活塞有无磨损、裂缝或其他损坏，损坏的或有故障的活塞应该换新。 ●测量活塞直径：如图 2.70 所示，从活塞裙底往上到活塞销的垂直方向的 15 mm处。活塞直径标准值为 $\phi72.975 \sim \phi72.99$ mm（EA12 发动机）。

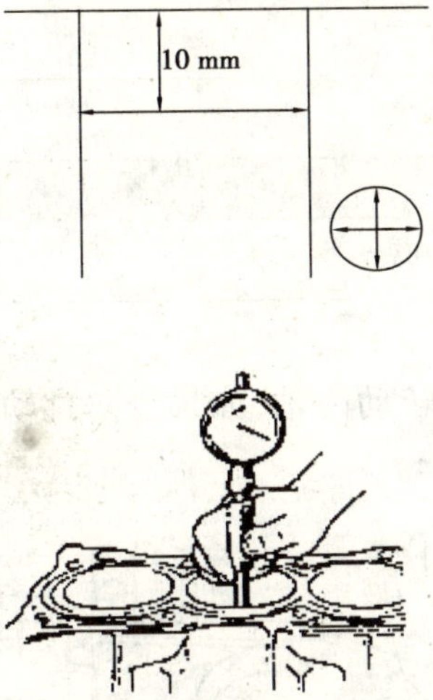

图 2.70

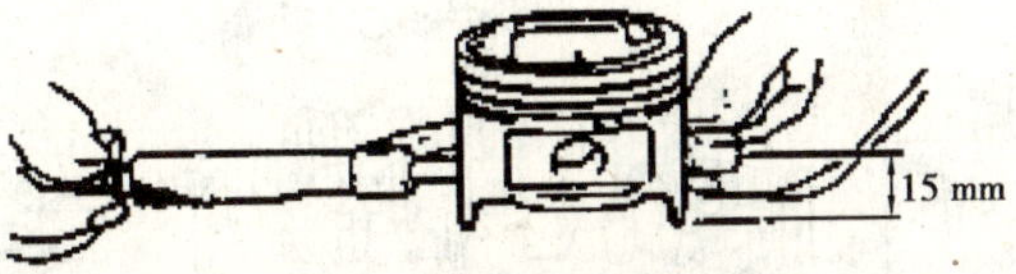

图 2.71　测量活塞直径

操作方法	●计算活塞间隙：活塞间隙是汽缸直径和活塞直径间的差值。活塞间隙（EA12 发动机）应在 0.01 ~ 0.039 mm 的规格。若超差，则检查缸孔直径或活塞直径尺寸，更换相应超差零件。
注意事项	●检测汽缸和活塞前，需清洁相应部件。 ●千分尺使用之前需要校零。 ●注意量缸表的组装。 ●测量汽缸直径时，避免损坏汽缸内壁。
小组训练	请结合完成过程，将相关结果记录入表 2.25 中，并根据检测结果提出结论。

表 2.25

汽缸 直径	一缸	二缸	三缸	四缸
汽缸轴向直径				
汽缸横向直径				
平均值				
检修结论及处理方法				
活塞				
活塞间隙				
检修结论及处理方法				

续表

项　目	主要内容
小组总结	请结合小组训练情况,总结练习心得,并对不足之处提出改进意见:

技能训练4:曲轴检修(自学)

项　目	主要内容
主要工具	常用拆装工具,千分尺,百分表,磁性表座,V型铁

操作方法

1. 曲轴径向跳动检查

- 用千分表在中心轴颈测量径向跳动。慢慢转动曲轴,如果径向跳动超过其极限值,更换曲轴。径向跳动极限值:0.06 mm。

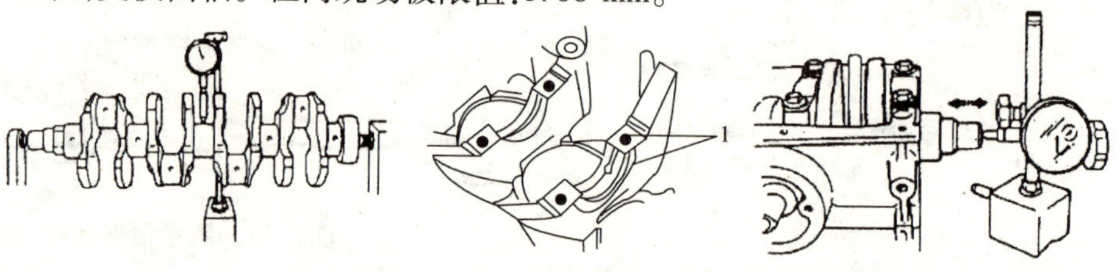

图2.72

2. 曲轴止推间隙

- 按常规方法,即用安装止推片和轴颈轴承盖,把曲轴定位在缸体内测量这种间隙。用千分表读出曲轴轴向(止推)方向的位移量。
- 如果超出其极限值,用新的、标准的止推片替换超出极限值的止推片。轴颈的椭圆度和锥度(不均匀磨损)不均匀磨损的曲轴颈表明了横断面直径内的一种差异或沿其长度(或两者)。可以采用千分卡尺读数确定这种差异。
- 完成检修后对发动机进行装配。

表2.26

<table>
<tr><th>名　称</th><th colspan="2">标　准</th><th>极限值</th></tr>
<tr><td>曲轴止推间隙</td><td colspan="2">0.11 ~ 0.31 mm
(0.004 4 ~ 0.012 2 in.)</td><td>0.38 mm
(0.014 9 in.)</td></tr>
<tr><td rowspan="2">曲轴止推片的厚度</td><td colspan="2">标准</td><td>2.500 mm(+0.02/−0.03)
(0.098 4 in.)</td></tr>
<tr><td>加大:</td><td>0.125 mm
(0.004 9 in.)</td><td>2.563 mm(0.100 9 in.)</td></tr>
</table>

注意事项

- 如果轴颈中的任一轴颈被严重损坏或不均匀磨损量超出了下述的极限值,应重磨曲轴或更换之,椭圆度极限值及锥度:0.01 mm。

续表

项　目	主要内容
小组训练	请结合完成过程，将相关结果记录入表 2.27，并根据检测结果给出结论。

表 2.27

发动机型号：	标准值	实测值
径向跳动量		
止推间隙		
结论及处理意见		

项　目	主要内容
训练小结	请结合小组训练情况，总结练习心得，并对不足之处提出改进意见：

技能训练 5：凸轮轴检修（自学）

项　目	主要内容
主要工具	常用拆装工具，千分尺，百分表套装，V 形铁
操作方法	（见下）

操作方法：

- 对发动机进行解体。（具体参考理论手册或维修手册）

凸轮磨损检修：

- 利用千分尺测量凸轮高度。如果测定高度在极限值以下，更换凸轮轴。

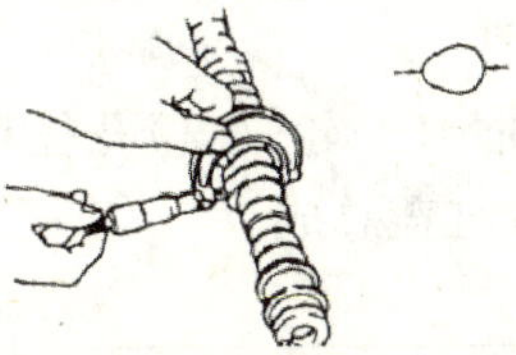

图 2.73

表 2.28

凸轮高度	标　准	极　限
进气凸轮	36.327～36.487 mm	36.227 mm
	(1.430 2～1.436 5 in.)	(1.426 2 in.)
出气凸轮	35.925～36.085 mm	35.825 mm
	(1.414 4～1.420 7 in.)	(1.410 4 in.)

凸轮轴径向跳动检查：

- 将凸轮轴放在两个 V 形块间，然后用百分表测量径向跳动。如果径向跳动超过极限值，更换凸轮轴。径向跳动极限：0.10 mm(0.003 9 in.)。

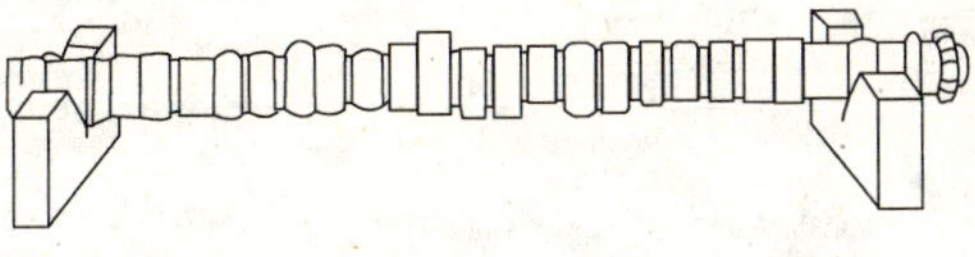

图 2.74

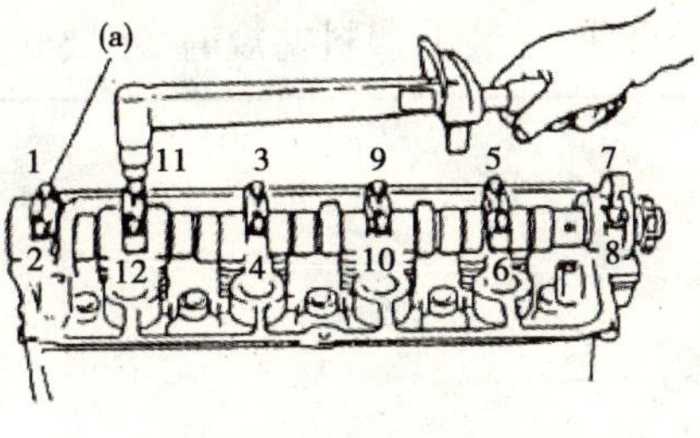

图 2.75

续表

项　目	主要内容
操作方法	凸轮轴轴颈磨损检修: ●检查凸轮轴轴颈和凸轮轴盖是否有锈痕、划痕、磨损或损伤。如果发现了任何不良情况,更换凸轮轴或缸盖和凸轮轴盖。绝不要在未换凸轮轴盖的情况下更换缸盖。 利用塑料塞规,检测间隙: ●程序如下: ①清理凸轮轴盖和凸轮轴轴颈。 ②将凸轮轴安装到缸盖上。 ③放一片塑料塞规沿凸轮轴轴颈的全部宽度(平行于凸轮轴)。 ④安装凸轮轴盖,请参见后面安装程序。 ⑤按图 2.75 中所示顺序依次拧紧凸轮轴盖螺栓,直到它们拧紧到规定扭矩为止。拧紧扭矩:11 N · m(1.1 kg · m,8.0 lb · ft)。 ⑥卸下凸轮轴盖,利用塑料刻度尺,在塑料塞规的最宽点测量其宽度。 **表 2.29** (见下表 2.29) ●如果实测凸轮轴轴颈间隙超过极限值,测量轴颈(凸轮轴盖)孔径和凸轮轴轴颈外径。如果和规格相差较大,更换凸轮轴或缸盖总成。 **表 2.30** (见下表 2.30)
注意事项	●装上塑料塞规时,不要转动凸轮轴。

表 2.29

	标　准	极限值
轴颈间隙	0.040 ~ 0.082 mm (0.001 6 ~ 0.003 2 in.)	0.12 mm (0.004 7 in.)

表 2.30

项　目	标　准
凸转轴轴颈孔直径	28.000 0 ~ 28.021 mm (1.102 4 ~ 1.103 2 in.)
凸转轴轴颈外径	27.939 ~ 27.960 mm (1.100 0 ~ 1.100 8 in.)

续表

<table>
<tr><th>项　目</th><th>主要内容</th></tr>
<tr><td>小组训练</td><td>请结合完成过程，将相关结果记录入表 2.31 中，并根据检测结果给出结论。
表 2.31
<table>
<tr><td colspan="5">发动机型号：</td></tr>
<tr><td rowspan="2"></td><td colspan="2">标准值</td><td colspan="2">实测值</td></tr>
<tr><td>进气凸轮轴</td><td>排气凸轮轴</td><td>进气凸轮轴</td><td>排气凸轮轴</td></tr>
<tr><td>径向跳动量</td><td></td><td></td><td></td><td></td></tr>
<tr><td>凸轮磨损量（MAX）</td><td></td><td></td><td></td><td></td></tr>
<tr><td>结论及处理意见</td><td></td><td></td><td></td><td></td></tr>
</table>
</td></tr>
<tr><td>训练小结</td><td>请结合小组训练情况，总结练习心得，并对不足之处提出改进意见：</td></tr>
</table>

模块3　CAJS303 传动系统检修

模块说明

◆知识标准

- 掌握离合器结构及工作原理；
- 掌握离合器拆装及检查要点；
- 掌握手动变速器结构及工作原理；
- 掌握手动变速器拆装及检查要点。

◆主要内容

- 离合器检修；
- 手动变速器检修。

3.1 离合器检修

☞ 维修案例描述

山东某些用户反映，其驾驶的长安欧诺(1.3 L)在行驶过程中消耗的燃料和润滑油过多，加速困难、整车功率下降，多次发生换挡困难、起步发抖，底盘有异响，有些车辆甚至发生不能起步，只能求助于维修站。

☞ 案例故障原因分析

（请结合你的实践经验和理解，分析该故障可能存在的原因，并小组讨论主要诊断步骤，记入右侧空格）

可能原因：____

____

____。

主要诊断步骤及处理方法：

☞ 知识回顾

（请结合你所自学的理论知识回答右侧问题）

1. 图 3.1 为欧诺 1.3 L 膜片弹簧式离合器示意图，首先请写出图中未标注的图标所描述的部件，并结合该图写出膜片弹簧式离合器的工作原理及动力传递路径：____

____

____

____。

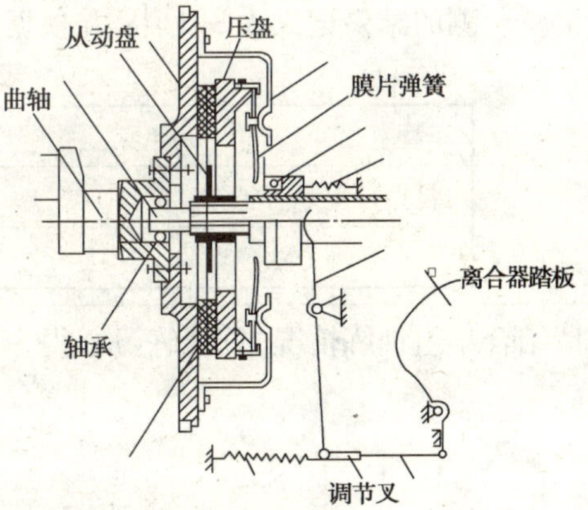

图 3.1

2. 请描述离合器的作用及自由行程定义：____

____

____。

☞ 技能训练

<table>
<tr><th colspan="2">技能训练 1:离合器踏板自由行程调整</th></tr>
<tr><th>项　目</th><th>主要内容</th></tr>
<tr><td>主要工具</td><td>钢尺、扳手</td></tr>
<tr><td>操作方法</td><td>

● 测量离合器自由行程(踩动离合器踏板,感觉有阻力时停止,这时踏板移动行程即为离合器自由行程,正常应为 10 ~ 150 mm)。

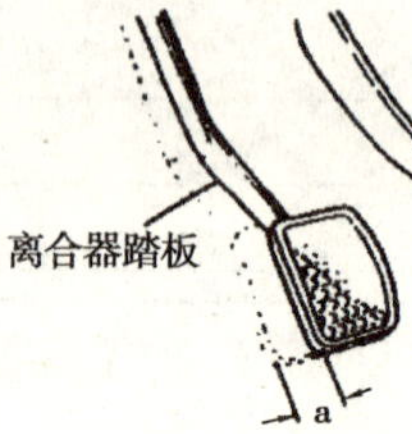

图 3.2

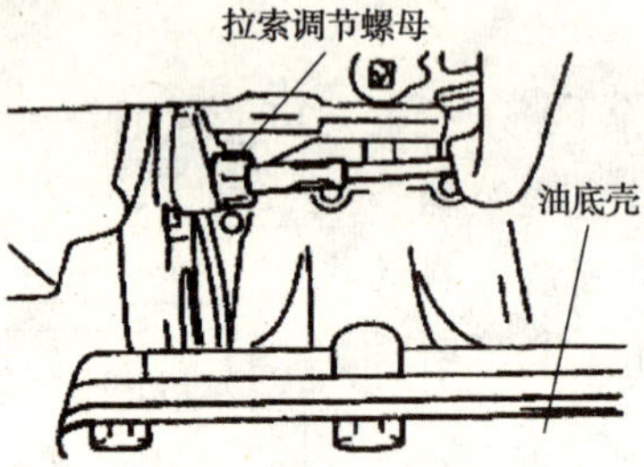

图 3.3

● 如果自由行程不在规定范围内,通过旋转拉索调节螺母来调节(图 3.3)。
● 自由行程若过小,则用扳手转动螺母,使拉杆缩短,自由行程过大,则操作相反。
● 调整完毕后,再次检查自由行程是否合适。
</td></tr>
<tr><td>注意事项</td><td>● 调整离合器踏板自由行程后,发动机运转时,还应检查离合器功能是否良好。
● 检查完成后应请客户试车,观察自由行程是否适合其驾驶习惯。
● 在汽车下面工作时一定要戴保护眼镜。</td></tr>
<tr><td>小组训练</td><td>请将所测的结果记入表 3.1 中,并根据测量结果给出结论。
表 3.1
<table>
<tr><td colspan="2">车型:</td><td>离合器类型:</td></tr>
<tr><td>自由行程是否正常</td><td>是</td><td>否</td></tr>
<tr><td>处理方法</td><td colspan="2"></td></tr>
</table>
</td></tr>
<tr><td>训练小结</td><td>请结合小组训练情况,总结练习心得,并对不足之处提出改进意见:</td></tr>
</table>

<table>
<tr><th colspan="2">技能训练 2:离合器零部件检修</th></tr>
<tr><th>项　目</th><th>主要内容</th></tr>
<tr><td>主要工具</td><td>专用工具:飞轮定位器、轴承拆卸器、输入轴轴承安装器、离合器中心导向装置。
通用工具:游标卡尺、套筒等。</td></tr>
</table>

续表

<table>
<tr><th>项 目</th><th>主要内容</th></tr>
<tr><td>主要工具</td><td>
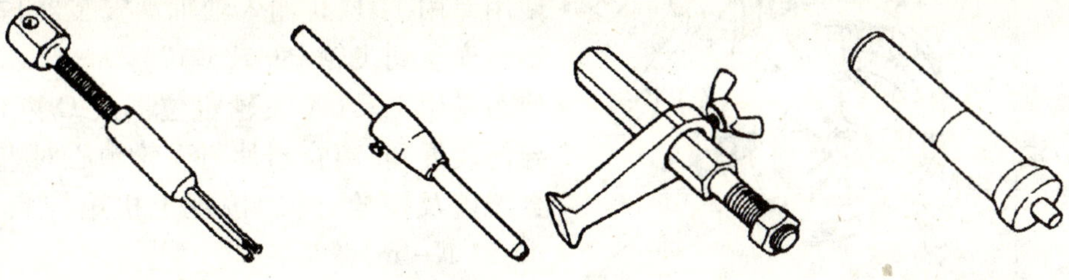

图 3.4
</td></tr>
<tr><td>操作方法</td><td>
•用专用工具(A 飞轮定位器)夹住飞轮(图 3.5),拆下离合器压板螺栓、离合器盖和离合器片。
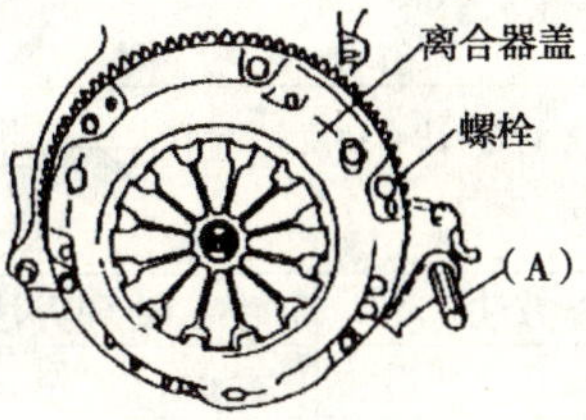

图 3.5
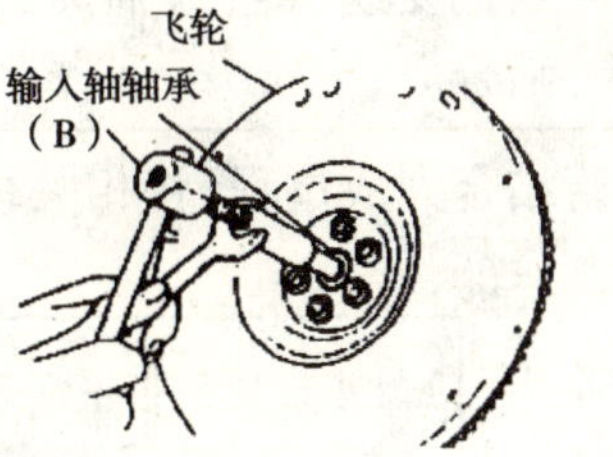

图 3.6
•使用专用工具(B 轴承拆卸器)和扳手拔出输入轴轴承(图 3.6)。
•检查轴承旋转是否平滑(图 3.7),如发现异常,应更换。
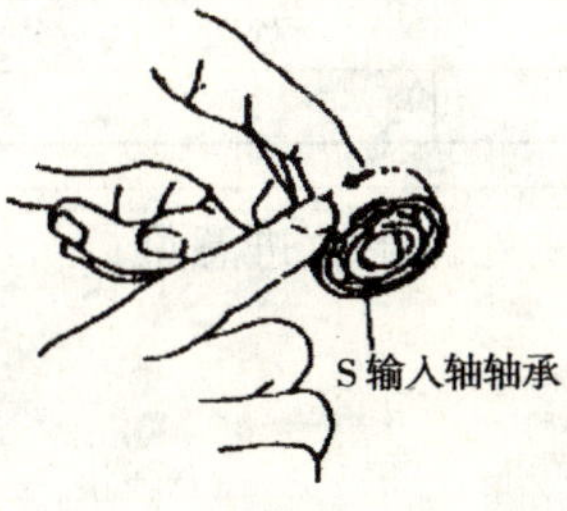

图 3.7
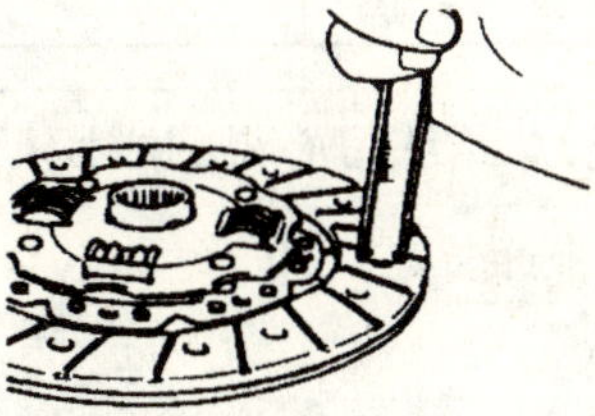
图 3.8
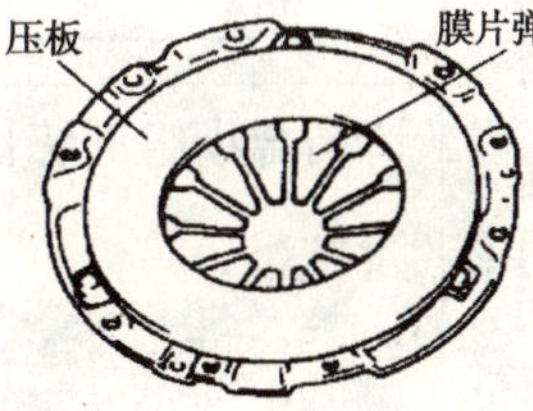

图 3.9
•测量铆钉头下沉深度即铆钉头和离合器片表面之间的距离,如发现任一孔处的深度超过使用极限,应更换离合器片总成。铆钉头标准深度:1.2 mm,使用极限:0.5 mm。
•检查膜片弹簧是否异常磨损或损坏,检查压板是否磨损或有局部热点或破损,如发现异常,应更换总成,膜片和压板不能拆开。
•飞轮侧:检查离合器片接触面有无异常磨损或局部热点,必要时应更换。
•检修完毕后,安装复原离合器。把飞轮安装到曲轴上,并按规定扭矩拧紧(扭力要求:78 N·m)。
</td></tr>
</table>

续表

项　目	主要内容
操作方法	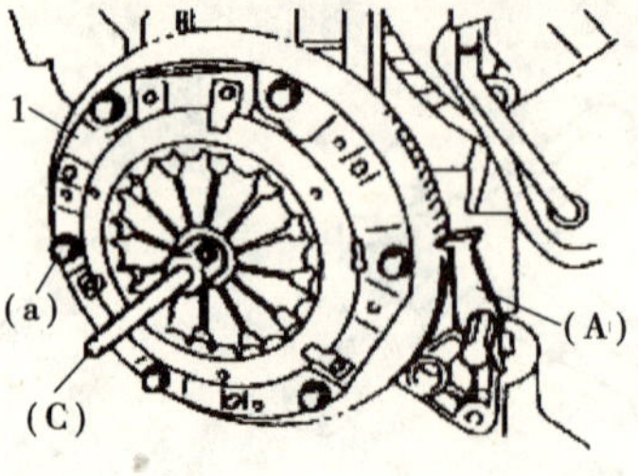 图 3.10 ●使用专用工具(B 输入轴轴承安装器)把输入轴轴承安装到飞轮上(图 3.10)。 ●使用专用工具(A 飞轮定位器及 C 离合器中心导向装置)将离合器片与飞轮中心对直,安装离合器盖及螺栓,然后按规定扭矩拧紧(扭力要求:23 N·m)。
注意事项	●膜片和压板不能拆开,如需要则更换整个总成。 ●组装前,确保飞轮表面和压板表面清洁并完全干燥。 ●拧紧离合器盖螺栓时,用专用工具(离合器中心导向装置)把离合器片压紧,确保离合器片对准中心,按对角线顺序均匀地拧紧压板螺栓。 ●当把变速器输入轴插到离合器片的同时,从前侧用扳手转动曲轴直到花键啮合。
小组训练	请结合完成过程,将相关结果记录入表 3.2 中,并根据检测结果提出处理方法。

表 3.2

轴承旋转是否正常	是	检查方法	处理方法
	否		
铆钉头下沉深度是否正常	是	检查方法	处理方法
	否		
膜片弹簧、压板、是否正常	是	检查方法	处理方法
	否		
飞轮侧是否正常	是	检查方法	处理方法
	否		

项　目	主要内容
训练小结	请结合小组训练情况,总结练习心得,并对不足之处提出改进意见:

技能训练 3:离合器操纵机构检修

项　目	主要内容
主要工具	常用套装工具
操作方法	离合器分离叉及分离轴承检查: ●拆下分离叉回位弹簧和分离叉卡子; ●把分离叉和分离轴承一起取下; ●检查离合器分离轴承旋转是否平滑,如发现异常,应更换;

续表

<table>
<tr><th>项　目</th><th>主要内容</th></tr>
<tr><td>操作方法</td><td>

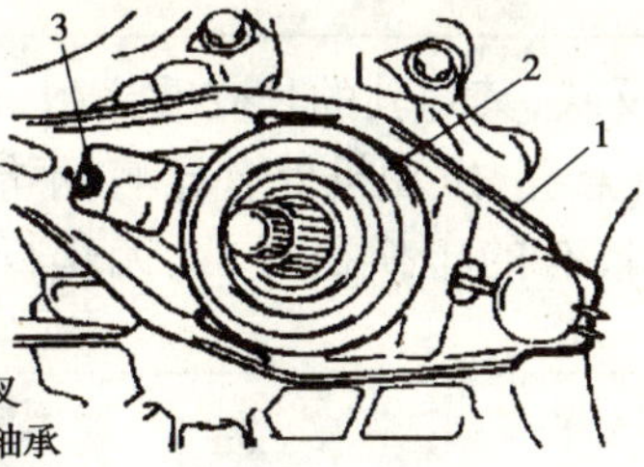

1. 分离叉
2. 分离轴承
3. 回位弹簧

图 3.11

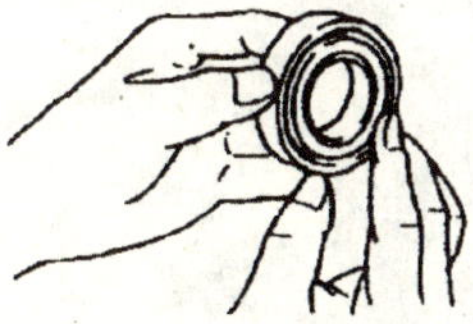

图 3.12

- 检查离合器分离叉及其卡子是否损坏或变形，还要检查分离叉回位弹簧，如发现异常，应更换；
- 检查完毕后，按拆卸步骤相反的顺序安装。

</td></tr>
<tr><td>注意事项</td><td>

- 不可清洗分离轴承，以免洗去润滑脂，从而损坏轴承；
- 如图 3.13 所示，把分离轴承、回位弹簧和卡子安装到分离叉上。

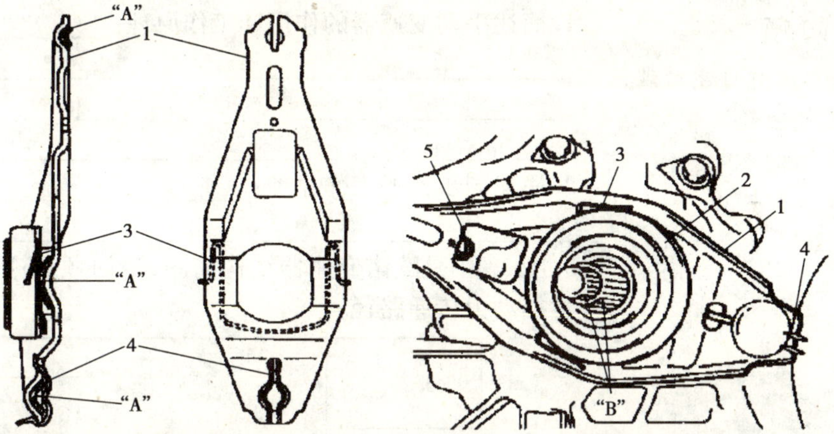

图 3.13

1—分离叉；2—分离轴承；3—轴承卡子；4—叉卡子；5—回位弹簧

</td></tr>
<tr><td>小组训练</td><td>

请结合完成过程，将相关结果记录入表 3.3 中，并根据检测结果提出处理方法。

表 3.3

<table>
<tr><td>是否有异响</td><td></td></tr>
<tr><td>是否旋转平滑</td><td></td></tr>
<tr><td>是否损坏</td><td></td></tr>
<tr><td>处理办法</td><td></td></tr>
</table>

</td></tr>
<tr><td>训练小结</td><td>

请结合小组训练情况，总结练习心得，并对不足之处提出改进意见：

</td></tr>
</table>

3.2 手动变速器检修

☞ 维修案例描述

河北某些用户反映,其驾驶的长安欧诺(1.3 L)在行驶过程中,IMT 故障灯点亮、发动机处有异响、不能起步、换挡冲击大、无动力输出,有的车换挡异常、无爬行,只能求助于维修站。

☞ 案例故障原因分析

(请结合你的实践经验和理解,分析该故障可能存在的原因,并小组讨论主要诊断步骤,记入右侧空格)

可能原因:____

____。

主要诊断步骤及处理方法:

☞ 知识回顾

(请结合你所自学的理论知识回答右侧问题)

1. 简述手动变速器的作用和工作原理:________________________________

____

____。

2. 简述同步器的工作原理:________________________________

____。

3. 图 3.14 是欧诺变速器结构简图,请回顾理论知识,描述其各挡动力传递路径:

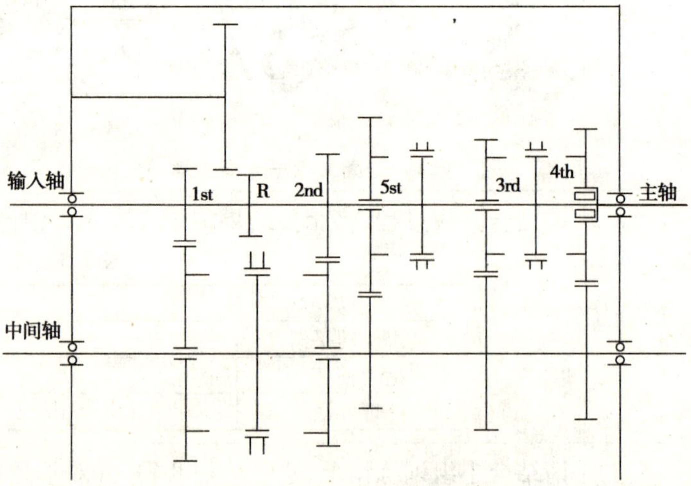

图 3.14

____

____。

☞ 技能训练

技能训练1:变速器就车维修	
项　目	主要内容
主要工具	拆卸工具,专业工具,轴承安装器(图3.15)。 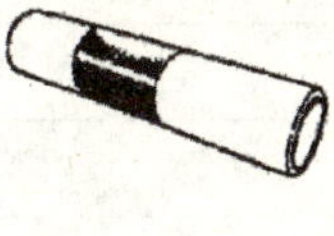 图3.15
操作方法	加长箱油封更换: • 检查变速器外部是否有油污、油渍、油滴及油流动串。特别是通气塞、加油口、放油口、换挡轴、选挡轴及后油封(传动轴滑动叉)等部位。 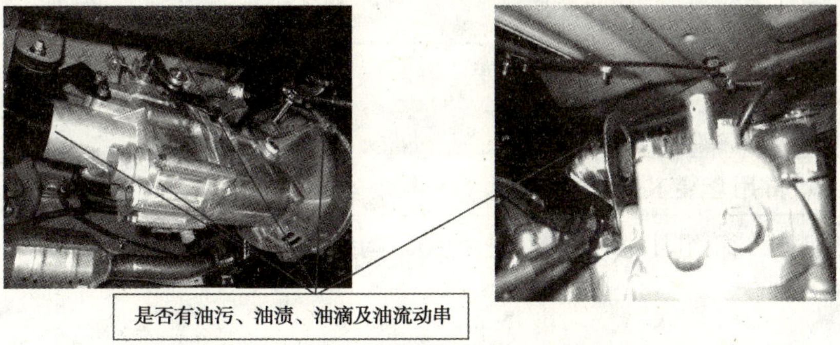 图3.16 变速器通气塞检查: • 检查通气塞是否堵塞; • 检查通气塞冒及结构是否完好。  图3.17
注意事项	• 对于变速器壳体有油污、油渍、油滴及油流动串现象,应先擦拭干净。并检查变速器壳体相应部位是否在外观上存在裂纹、铸造气孔或砂眼等缺陷。 • 对于通气塞、加油口、放油口、换挡轴、选挡轴及后油封(传动轴滑动叉)这几个对润滑油有密封要求的部位,若有油滴的地方,应将油污、油渍擦拭干净,进行试车观察,看油污是否重新积聚、油污是否扩大以及是否出现油滴及油流动串。若无油污重新积聚,则不属于漏油故障。

续表

项　目	主要内容
小组训练	请将所测的结果记入表3.4中，并根据测量结果给出结论。

表3.4

车型:		变速器型号:
变速器油位是否正常	是	否
油封是否损坏	是	否
处理方法		
通气孔是否完好	是	否
处理方法		

项　目	主要内容
训练小结	请结合小组训练情况，总结练习心得，并对不足之处提出改进意见:

技能训练2:变速器箱体及换挡机构检修(自学)

项　目	主要内容
主要工具	常用套装工具，专用工具
操作方法	换挡箱组件、换挡杆组件、换挡机构检修:

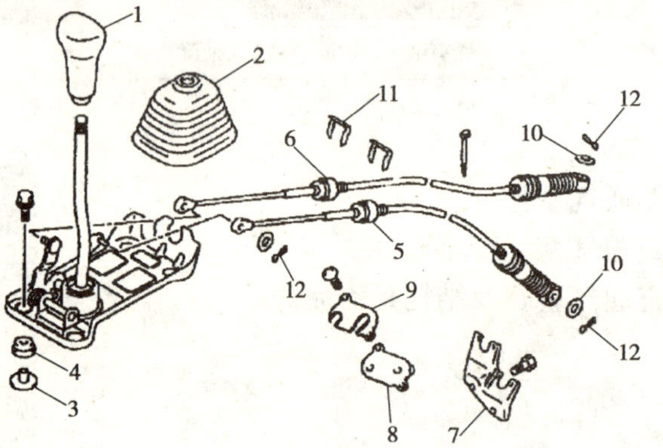

图3.18

1—换挡手柄球;2—变速手柄防尘罩;3—隔套;4—弹性垫;
5—换挡拉索总成;6—选择式控制拉索总成;7—拉索支架;8—胶垫;
9—胶垫板;10—垫圈;11—E型密封环;12—线夹

- 检查换挡箱组件各零件有无异常，并根据需要进行更换;
- 检查各换挡杆组件有无异常，各定位销是否有效，并根据需要进行更换;
- 检查一二挡换挡杠杆转动是否灵活，并根据需要进行更换;
- 检查倒挡换挡拨叉总成转动是否灵活，并根据需要进行更换。

续表

项　目	主要内容
操作方法	前箱、后箱、延伸箱组件检修： • 检查各箱体有无异常，箱壁有无裂纹等，并根据需要进行更换。
注意事项	• 确保防尘罩安装正确； • 组装后应检查控制杆是否能平滑移动。
小组训练	请结合完成过程，将相关结果记录入表3.5中，并根据检测结果提出处理方法。
训练小结	请结合小组训练情况，总结练习心得，并对不足之处提出改进意见：

表3.5

换挡箱组件是否正常	是	检查方法	处理方法
	否		
换挡杆组件是否正常	是	检查方法	处理方法
	否		
换挡机构是否正常	是	检查方法	处理方法
	否		
箱体是否正常	是	检查方法	处理方法
	否		

技能训练3：变速器拆卸及内部检修

项　目	主要内容
主要工具	常用套装工具，专用工具。

09900-06107
弹簧卡环手钳（开式）

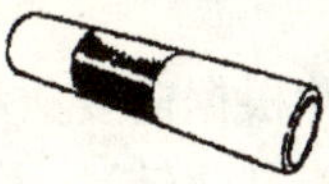

09940-51710
轴承安装器

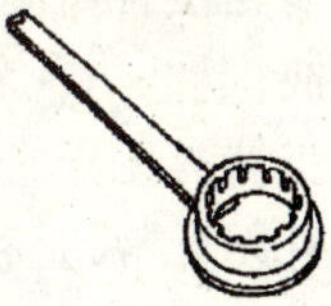

09927-25411
齿毂夹紧器

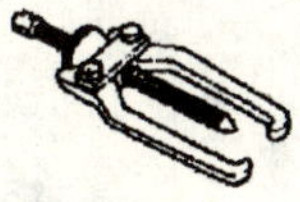

09913-65135
轴承拆卸器

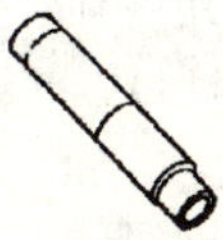

09925-18010
轴承安装器

09951-16080
轴承安装器

09940-54950
轴承安装附加装置

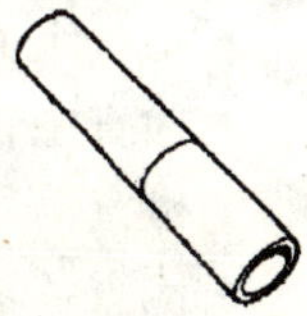

09913-84510
轴承安装器

续表

项　目	主要内容
主要工具	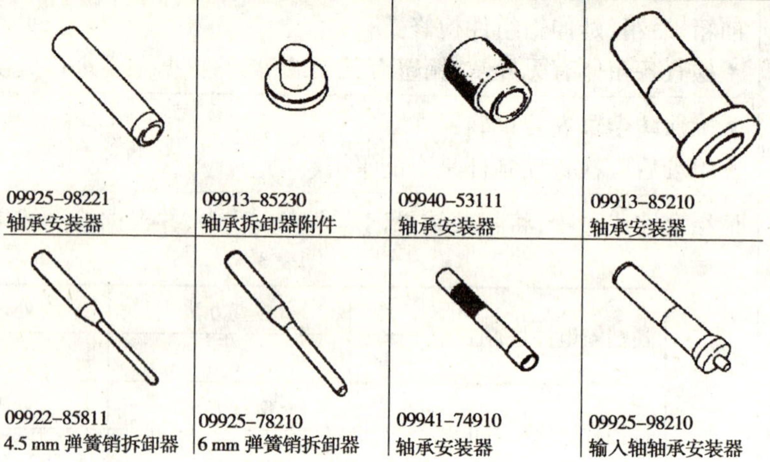 图 3.19
操作方法	●按照理论手册或维修手册步骤进行变速器拆卸。 检查输入轴组件检修： ●检查组件有无异常，检查输入轴轴齿磨损情况，并根据需要进行更换； ●检查输入轴三挡齿轮总成、四挡齿轮总成有无异常，是否能灵活转动，检查齿环和齿轮接合齿圈间的间隙，检查每个齿轮的凸齿、环及套筒，并根据需要进行更换； ●检查高速同步器、五挡同步器有无异常，并根据需要进行更换； ●检查各轴承是有无异常，是否能灵活转动，并根据需要进行更换； ●检查各卡圈有无异常，并根据需要进行更换。 中间轴组件检修： ●检查中间轴一挡齿轮总成、二挡齿轮总成有无异常，是否能灵活转动无卡滞，检查齿环和齿轮接合齿圈间的间隙，检查每个齿轮的凸齿、环及套筒，并根据需要进行更换； ●检查低速同步器有无异常，并根据需要进行更换； ●检查各轴承有无异常，是否能灵活转动，并根据需要进行更换； ●检查各卡圈有无异常，并根据需要进行更换。 主轴组件检修： ●检查组件有无异常，检查主轴齿环磨损情况，并根据需要进行更换； ●检查主轴传动齿轮有无异常并根据需要进行更换； ●检查信号盘有无异常，并根据需要进行更换； ●检查各轴承有无异常，是否能灵活转动，并根据需要进行更换； ●检查各卡圈有无异常，并根据需要进行更换； 检修完毕后按照理论手册或维修手册要求进行装配复原。

续表

<table>
<tr><th>项　目</th><th>主要内容</th></tr>
<tr><td>操作方法</td><td>
同步器检修：
• 彻底清洁所有的零部件，检查其是否有异常，如需要时，用新件更换；
• 如果同步器零部件需要修理时，检查齿环与齿轮之间，齿轮各个倒棱轮齿之间，齿环与啮合套之间的间隙，然后决定是否需更换的零件（图 3.20）。间隙“a”标准值：1.0 ~ 1.4 mm，维修极限值：0.5 mm；
• 为确保润滑，应吹扫油孔，并保证油孔无阻塞。
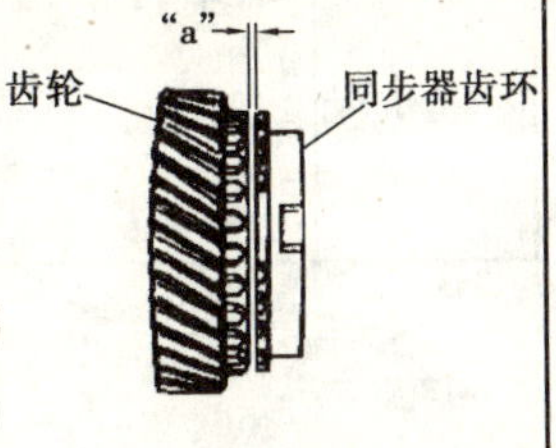

图 3.20
</td></tr>
<tr><td>注意事项</td><td>
• 确保使用拆卸工具的扁平侧，以防止碰伤第三挡齿轮齿；
• 同步器各滑块没有规定具体方向，但在组装时应设定一个方向；
• 高速同步器齿套、毂、滑块、弹簧的规格（尺寸）在低速同步器和第五挡速度同步器的这些零件的规格（尺寸）之间；
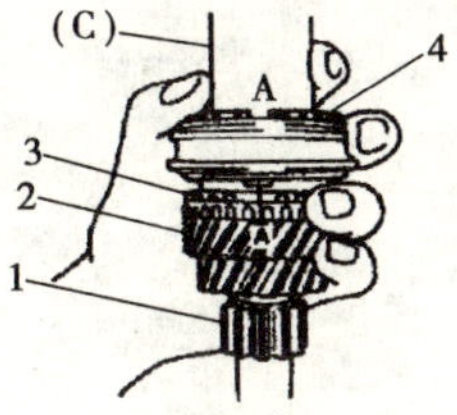

图 3.21
1—输入轴；2—第三挡齿轮；3—同步器齿环；4—卡套和齿毂总成；5—滑块槽
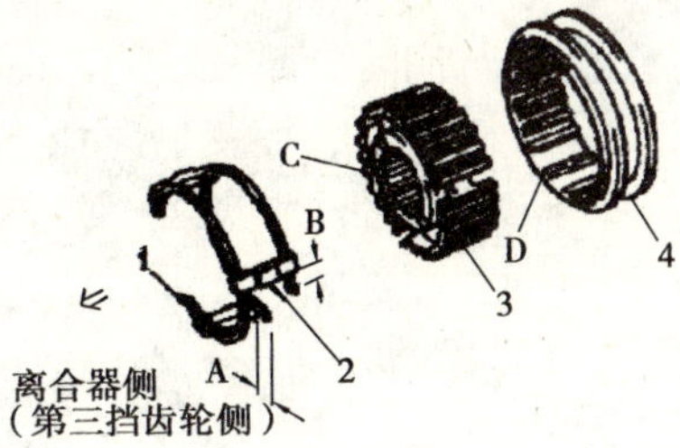

图 3.22
1—高速同步器弹簧；2—滑块；3—齿毂；4—齿套；5—第三挡齿轮
• 高速同步器齿套及齿毂总成规定有安装方向；
• 当压装齿合套和齿毂时，应确保同步器啮环滑块槽与套和齿毂总成的滑块对准；
• 检查齿套及齿毂总成压装之后，第三挡齿轮的运转是否灵活；
• 第三挡和第四挡的同步器环是相同的。
</td></tr>
<tr><td>小组训练</td><td>
请结合完成过程，将相关结果记录入表 3.6 中，并根据检测结果提出处理方法。
表 3.6
<table>
<tr><td rowspan="2">输入轴组件是否正常</td><td>是</td><td>检查方法</td><td>处理方法</td></tr>
<tr><td>否</td><td></td><td></td></tr>
<tr><td rowspan="2">中间轴组件是否正常</td><td>是</td><td>检查方法</td><td>处理方法</td></tr>
<tr><td>否</td><td></td><td></td></tr>
<tr><td rowspan="2">主轴组件是否正常</td><td>是</td><td>检查方法</td><td>处理方法</td></tr>
<tr><td>否</td><td></td><td></td></tr>
<tr><td rowspan="2">同步器是否正常</td><td>是</td><td>检查方法</td><td>处理方法</td></tr>
<tr><td>否</td><td></td><td></td></tr>
</table>
</td></tr>
</table>

续表

项　目	主要内容
训练小结	请结合小组训练情况,总结练习心得,并对不足之处提出改进意见:

模块 4　CAJS304 制动系统检修

模块说明

◆知识标准

- 掌握制动系统的基本工作原理；
- 掌握制动系统的组成及结构特点；
- 掌握制动系统各部件的拆装。

◆主要内容

- 前盘后鼓制动器检修；
- 驻车制动器及操纵机构检修；
- 液压制动操纵机构检修。

4.1 前盘后鼓制动器检修

☞ 维修案例描述

重庆市区一用户反映,其车辆制动时有噪声。

☞ 案例故障原因分析

(请结合你的实践经验和理解,分析该故障可能存在的原因,并小组讨论主要诊断流程,记入右侧空格)

可能原因:____

____

____

____。

主要诊断步骤:

☞ 知识回顾

(请结合你所自学的理论知识回答右侧问题)

1. 制动系统的基本组成及原理:________________________________

____

____

____

____

____。

2. 盘式制动器的结构:________________________________

____。

3. 鼓式制动器的结构:________________________________

____。

4. 长安欧诺车型中使用的制动形式有:________________。

A. 前盘后鼓　B. 四轮盘式　C. 四轮鼓式　D. 前鼓后盘

☞ 技能训练

<table>
<tr><th colspan="2">技能训练:制动器的检修</th></tr>
<tr><th>项　目</th><th>主要内容</th></tr>
<tr><td>主要工具</td><td>
图 4.1　百分表

图 4.2　千分尺
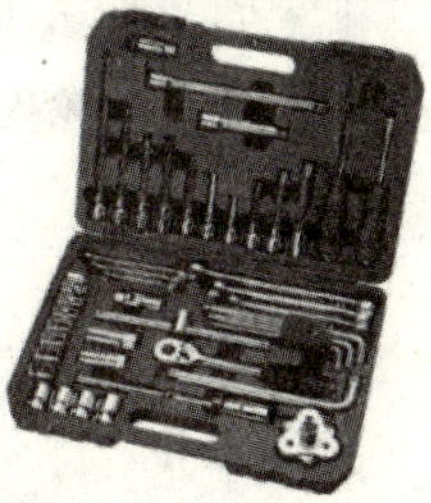
图 4.3　常用工具</td></tr>
<tr><td>操作方法</td><td>(1)初步检查
● 检查与制动器相连的摆臂、转向拉杆、前支柱等零件的安装螺栓、螺母是否松动,制动器各零件的安装螺栓、螺母是否松动。
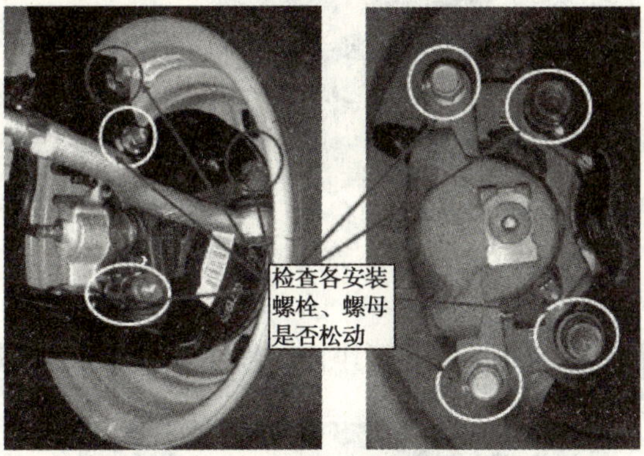

图 4.4
(2)检查摩擦块
● 通过卡钳观察孔检查摩擦材料余量,若摩擦材料剩余量小于 2 mm,则按以下步骤更换摩擦块:
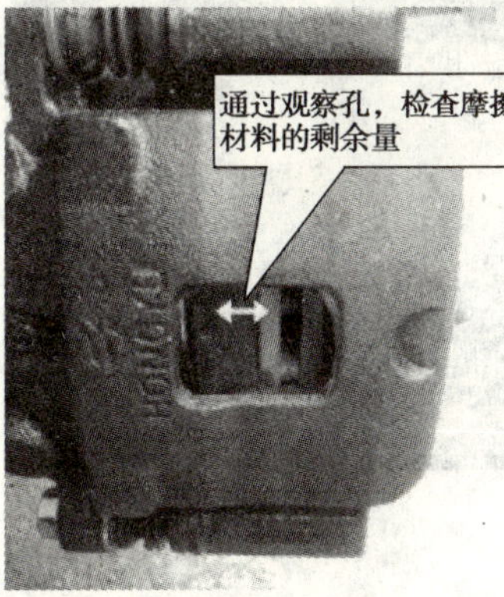

图 4.5</td></tr>
</table>

续表

项　目	主要内容
操作方法	• 拆卸摩擦块,按图 4.6 中 A—B—C 的步骤进行; • 安装摩擦块,按图 4.6 中 C—B—A 的步骤进行; • 恢复车轮安装,车轮螺母扭力为 90 ~ 110 N · M。 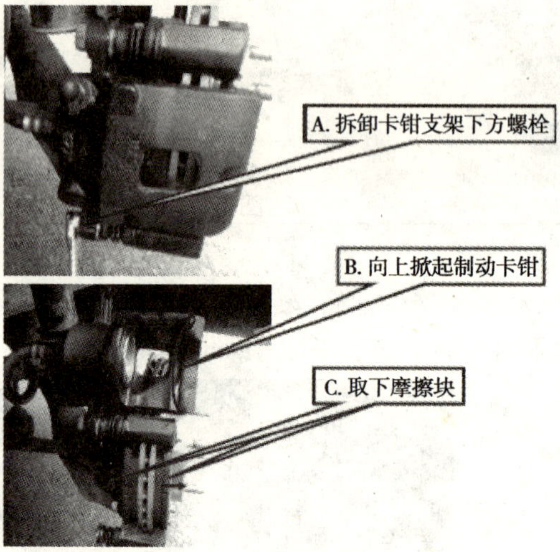 图 4.6 (3)检查制动盘 • 用游标卡尺测量制动盘工作面的厚度,若厚度磨损超过 2 mm,更换制动盘。  图 4.7

续表

项　目	主要内容
操作方法	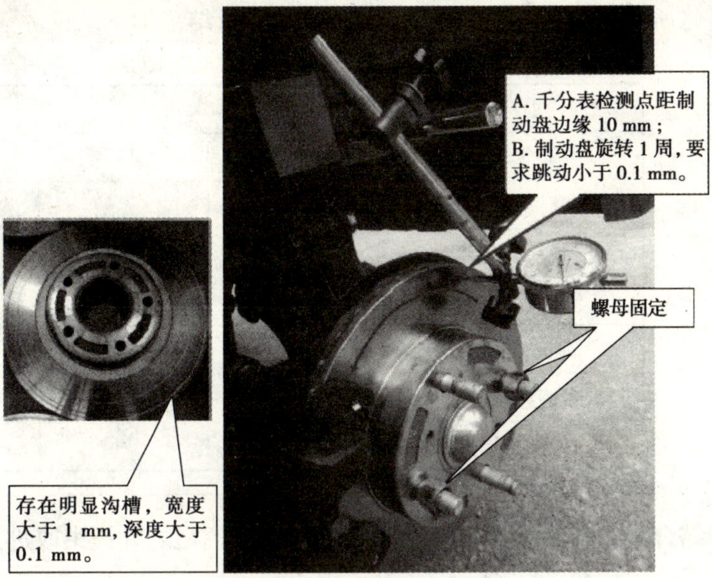 图 4.8 • 检查制动盘工作面是否有明显的沟槽。若有，则更换制动盘；若没有，则按以下步骤进行操作： ①检查制动盘跳动，若制动盘跳动大于 0.1 mm，则更换制动盘。 ②检查摩擦块表面是否有硬质颗粒或硬质层，若有，则进行打磨处理。 (4)检查鼓式制动器是否符合规格 • 新制动鼓正常直径：228.6 mm； • 制动鼓报废直径：230.6 mm； • 制动缸内径：22.22 mm； • 新的主制动蹄摩擦衬面厚度：5 mm； • 新的从制动蹄摩擦衬面厚度：5 mm； • 制动蹄摩擦衬面报废厚度：1 mm。
注意事项	接到用户反应的制动噪声后，维修人员必须仔细向用户落实噪声发生的车速、路况、踩刹车的轻重程度、噪声的表现等，并根据用户描述噪声发生工况进行实车复现试验。

续表

<table>
<tr><th>项　目</th><th>主要内容</th></tr>
<tr><td>小组训练</td><td>请将所测的数据记入表 4.1 中,并根据测量结果给出结论。

表 4.1
<table><tr><td colspan="4">车型:</td></tr><tr><td></td><td>报废值</td><td>实际值</td><td>是否合格</td></tr><tr><td>摩擦块厚度</td><td></td><td></td><td></td></tr><tr><td>制动盘厚度</td><td></td><td></td><td></td></tr><tr><td>制动盘圆跳动</td><td></td><td></td><td></td></tr><tr><td>制动鼓直径</td><td></td><td></td><td></td></tr><tr><td>摩擦衬片厚度</td><td></td><td></td><td></td></tr><tr><td>维修结论</td><td></td><td></td><td></td></tr></table></td></tr>
<tr><td>训练小结</td><td>请结合小组训练情况,总结练习心得,并对不足之处提出改进意见:</td></tr>
</table>

4.2 驻车制动系统检修

☞ 维修案例描述

用户反映：当用驻车制动器制动时，将驻车制动器操纵杆拉到制动位置后松手，车辆不能被固定在制动位置上。

☞ 案例故障原因分析

（请结合你的实践经验和理解，分析该故障可能存在的原因，并小组讨论主要诊断流程，记入右侧空格）

可能原因：________________________________

____

____

____

________________________________。

主要诊断步骤：

☞ 知识回顾

（请结合你所自学的理论知识回答右侧问题）

1. 长安欧诺驻车制动系统的组成及原理：________________

____

____

____

____

________________________________。

2. 长安欧诺驻车制动器的安装位置：________________

________________________________。

☞ 技能训练

<table>
<tr><td colspan="2">技能训练:驻车制动系统的检修(自学)</td></tr>
<tr><td>项 目</td><td>主要内容</td></tr>
<tr><td>主要工具</td><td>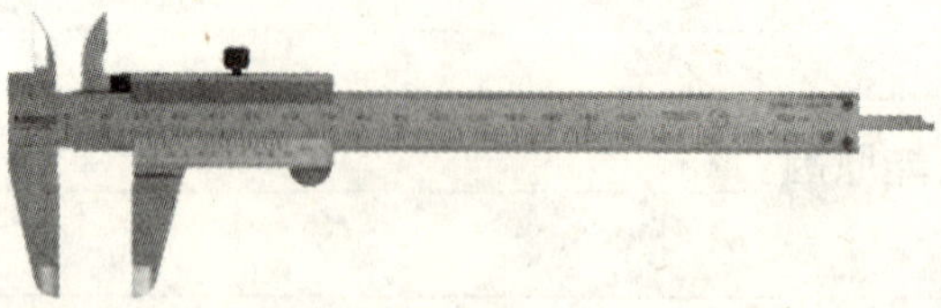
图 4.9 游标卡尺
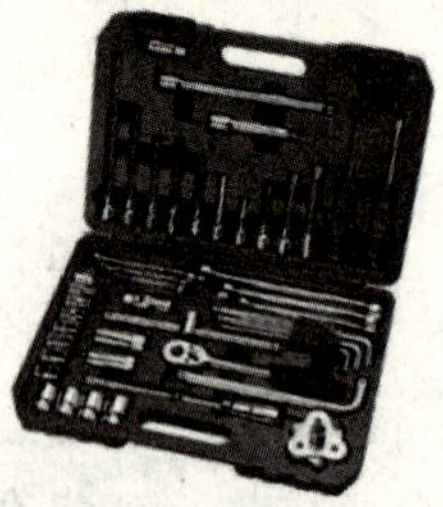
图 4.10 常用工具</td></tr>
<tr><td>操作方法</td><td>(1)调整操纵杆
● 拆卸控制箱总成。
● 放下驻车制动杆总成。
● 松开调整螺母。
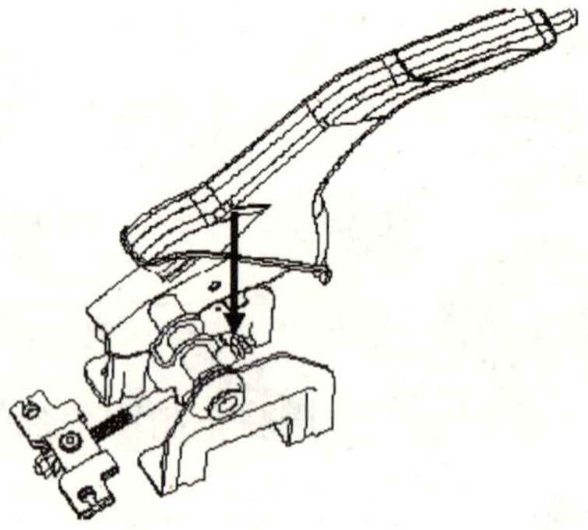
图 4.11 松开调整螺母
● 踩制动踏板 6 次。
● 全力拉动驻车拉索三次然后调整驻车制动二号拉索总成。
a. 全力提起驻车制动操纵手柄,发出 5 声棘齿声。
b. 用 3.5 N · m 的力矩紧固调整螺母。
● 测试驻车制动是否正常。
● 安装控制箱总成。
(2)检查后轮摩擦片磨损情况
(3)检查驻车制动二号拉索是否损坏</td></tr>
</table>

续表

<table>
<tr><th>项　目</th><th>主要内容</th></tr>
<tr><td>操作方法</td><td>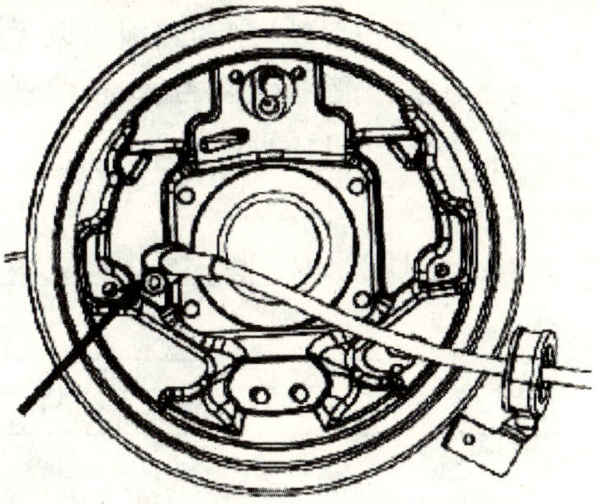
图 4.12</td></tr>
<tr><td>注意事项</td><td>按规定力矩拧紧螺母</td></tr>
<tr><td>小组训练</td><td>请将所测的数据记入表 4.2 中，并根据测量结果给出结论。
表 4.2
<table>
<tr><td colspan="4">车型：</td></tr>
<tr><td></td><td>报废厚度</td><td>测量值</td><td>是否合格</td></tr>
<tr><td>摩擦衬片厚度</td><td></td><td></td><td></td></tr>
<tr><td rowspan="2">二号拉索</td><td colspan="2">是否损坏、锈蚀</td><td rowspan="2"></td></tr>
<tr><td colspan="2"></td></tr>
<tr><td>操纵杆的调整标准</td><td colspan="3"></td></tr>
<tr><td>维修结论</td><td colspan="3"></td></tr>
</table>
</td></tr>
<tr><td>训练小结</td><td>请结合小组训练情况，总结练习心得，并对不足之处提出改进意见：</td></tr>
</table>

4.3 液压管路及其组成部件的检修

☞ 维修案例描述

客户反映:制动踏板可以无阻力地踩到底,且连踩几脚时仍感觉踏板无阻力,踏板位置也不能随之升高。

☞ 案例故障原因分析

(请结合你的实践经验和理解,分析该故障可能存在的原因,并小组讨论主要诊断流程,记入右侧空格)

可能原因:____

____

____

____。

主要诊断步骤:

☞ 知识回顾

(请结合你所自学的理论知识回答右侧问题)

液压制动系统的基本组成及原理:________________

____

____

____

____

____。

☞ 技能训练

技能训练:液压管路及其组成部件的检修	
项　目	主要内容
主要工具	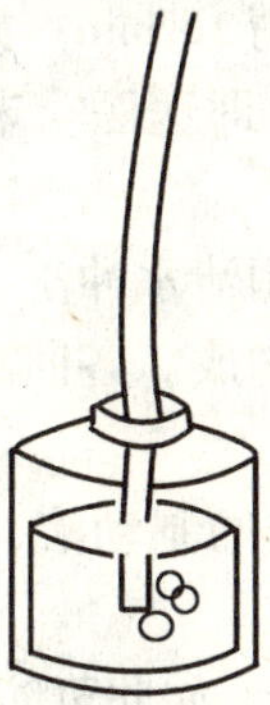 图 4.13 透明制动液瓶及橡胶软管  图 4.14 制动液 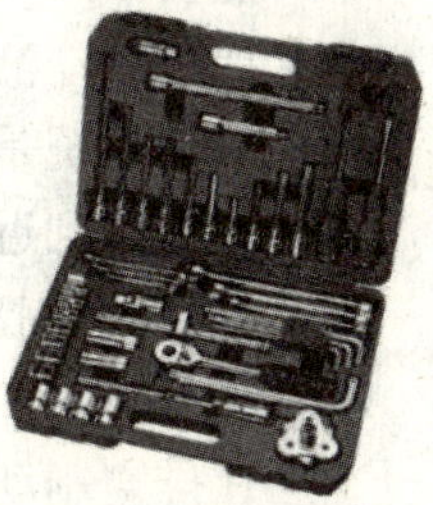 图 4.15 常用工具
操作方法	(1)制动管路的检查 • 制动管路严重破裂或接头脱节; • 分泵皮碗破损或踏翻; • 总泵皮碗破损或踏翻; • 总泵内无制动液。 (2)制动系统排气 • 将一根软管一端接到放气螺钉上,一头插入容器中; 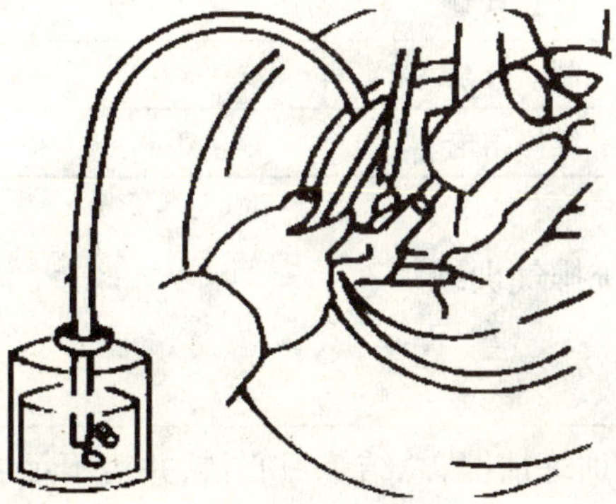 图 4.16 • 一人用力迅速踩下并缓慢放松制动踏板,如此反复数次后,踩下制动踏板,并保持一定高度使之不动; • 另一人拧松放气螺钉,管路中空气随制动液顺着胶管排出制动系统,排出空气后再将放气螺钉拧紧; • 重复上述步骤多次,直至容器中制动液里无气泡为止; • 取下胶管,套上防尘罩; • 观察储液罐制动液面高度,必要时添加制动液; • 制动系统放气的原则是先远后近。

续表

<table>
<tr><th>项　目</th><th>主要内容</th></tr>
<tr><td>注意事项</td><td>
• 制动液含有聚乙二醇醚与聚乙二醇,应避免接触眼睛,处理后须彻底洗手。如果制动液接触到眼睛,用水龙头的冷水冲洗眼睛 15 min。如果仍然感到疼痛,则须送医。如果不慎吞下,需喝水并催吐,并立即送医。未遵守这些说明,可能会导致人身伤害。
• 如果制动液溅到漆面上,受影响部位必须立即用清水冲洗。
• 制动系统是由交叉相对的前、后轮独立回路所构成。各回路可独立排气,且排气由远到近。
• 排气时,制动液储油壶必须保持添加新的、清洁的制动液,将排气管接到排气孔上。
• 在排空制动管路的空气后,务必将排气孔盖装上,如此可防止排气孔腐蚀。未遵守此说明,可能会导致排气孔堵塞。
</td></tr>
<tr><td>小组训练</td><td>
(1)请结合完成过程,将相关结果记录入表 4.3 中,并根据检测结果给出结论。
表 4.3
<table>
<tr><td colspan="3">车型:</td></tr>
<tr><td></td><td>是否合格</td><td>原　因</td></tr>
<tr><td>制动管路</td><td></td><td></td></tr>
<tr><td>制动总泵</td><td></td><td></td></tr>
<tr><td>制动分泵</td><td></td><td></td></tr>
<tr><td>维修结论</td><td></td><td></td></tr>
</table>
(2)制动系统排气训练
</td></tr>
<tr><td>训练小结</td><td>请结合小组训练情况,总结练习心得,并对不足之处提出改进意见:</td></tr>
</table>

4.4 制动助力器检修

☞ 维修案例描述

用户反映：车辆行驶中，踩制动踏板时，制动踏板有顶脚的现象，感觉很硬。

☞ 案例故障原因分析

（请结合你的实践经验和理解，分析该故障可能存在的原因，并小组讨论主要诊断流程，记入右侧空格）

可能原因：________________________________

____

____

________________________________。

主要诊断步骤：

☞ 知识回顾

（请结合你所自学的理论知识回答右侧问题）

真空制动助力器的原理及功用：________________________________

____

____

____

____

________________________________。

☞ 技能训练

<table>
<tr><td colspan="2">技能训练:真空制动助力器的检查(自学)</td></tr>
<tr><th>项　目</th><th>主要内容</th></tr>
<tr><td>主要工具</td><td>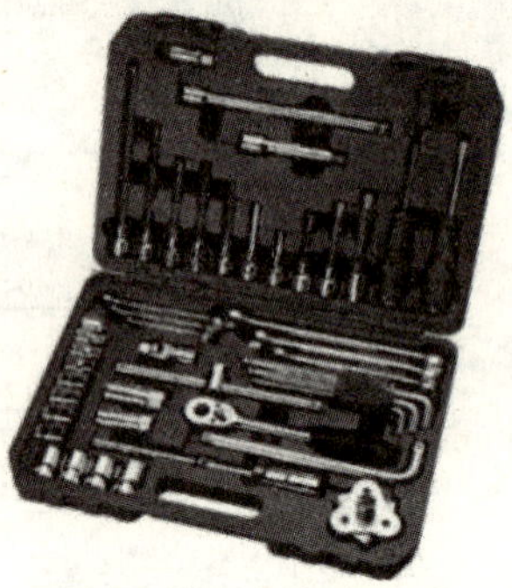
图 4.17　常用拆装工具</td></tr>
<tr><td>操作方法</td><td>● 检查所有制动真空管接头。所有未使用的制动真空管接头都应堵塞好。制动真空管接头都正确紧固,没有漏洞和老化。检查制动真空管的单向阀是否损坏。
● 检查液压制动系统泄漏或低液位。
● 变速器放在空挡,拉上驻车制动杆总成。踩制动踏板几次消除系统内真空。
● 启动发动机。如果真空系统起作用,制动踏板将向下运动。如果感觉不到运动的话,则真空助力系统没起作用。
● 取下真空功力器上的制动真空管。发动机空挡怠速时,进气歧管的真空作用在制动真空管的真空助力器端。确保所有的未使用的出口都已堵塞好、接头都完好以及制动真空管也都正常。如果进气歧管的真空度能发挥作用,那就把制动真空管接同真空助力器,再重复第 4 个步骤。如果还不能感觉到制动踏板向下运动,就更换制动主缸带真空助力器总成。
● 怠速运转发动机 10 s。关闭发动机后 10 min,用大约 500 N 的力踩制动踏板,制动踏板感觉应该和发动机运转时的感觉相同。如果制动踏板感觉很硬,更换制动真空管带附件总成。如果还是感觉很硬,则更换制动主缸带真空助力器总成。如果制动踏板感觉软绵,给制动系统排气。</td></tr>
<tr><td>注意事项</td><td>如果制动液溅到漆面上,受影响部位必须立即用清水冲洗。</td></tr>
</table>

续表

<table>
<tr><th>项　目</th><th>主要内容</th></tr>
<tr><td>小组训练</td><td>请结合完成过程，将相关结果记录入表4.4中，并根据检测结果给出结论。
表4.4
<table>
<tr><td colspan="3">车型：</td></tr>
<tr><td></td><td>状　况</td><td>是否合格</td></tr>
<tr><td>检查制动真空管接头</td><td></td><td></td></tr>
<tr><td>检查真空管单向阀</td><td></td><td></td></tr>
<tr><td>检查制动液是否泄漏</td><td></td><td></td></tr>
<tr><td>检查真空助力器的功能是否失效</td><td></td><td></td></tr>
<tr><td>维修结论</td><td></td><td></td></tr>
</table></td></tr>
<tr><td>训练小结</td><td>请结合小组训练情况，总结练习心得，并对不足之处提出改进意见：</td></tr>
</table>

模块5　CAJS305 转向与行驶系统检修

模块说明

◆知识标准

- 掌握转向与行驶系统的基本工作原理；
- 掌握转向与行驶系统的组成及结构特点；
- 掌握转向机构的拆装；
- 掌握转向柱的拆装；
- 掌握前后悬架的拆装；
- 掌握车轮与轮胎的拆装。

◆主要内容

- 转向机构的检修；
- 转向柱的检修；
- 前后悬架的检修；
- 车轮与轮胎的检修。

5.1　转向系统检修

☞ 维修案例描述

客户反映：汽车行驶中，驾驶员向左、右转动转向盘时，感到沉重费力。

☞ 案例故障原因分析

（请结合你的实践经验和理解，分析该故障可能存在的原因，并小组讨论主要诊断流程，记入右侧空格）

可能原因：________________________________

____

____

____

________________________________。

主要诊断步骤：

☞ 知识回顾

（请结合你所自学的理论知识回答右侧问题）

1. 长安欧诺转向系统的基本组成及原理：________________

____

____

____

____

________________________________。

2. 长安欧诺车型中使用的转向器是：________________。

A. 齿轮齿条式　　B. 循环球式　　C. 蜗杆曲柄销式

3. 长安欧诺车型中使用的转向助力方式是：____________。

A. 液压助力　　B. 电动助力

☞ 技能训练

技能训练1:EPS控制器检修

项 目	主要内容
主要工具	见下图
操作方法	见下文

主要工具

图5.1 万用表

图5.2 解码仪

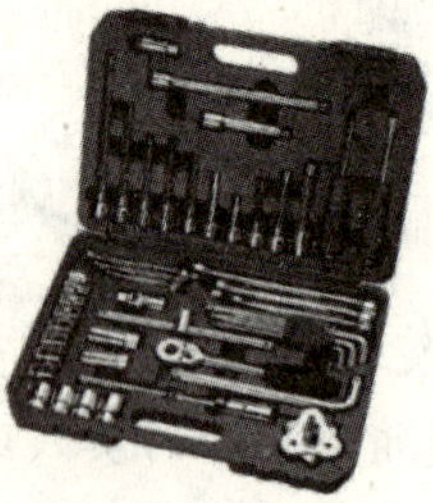
图5.3 常用工具

操作方法

(1)解码仪诊断方式:

• 首先读取故障代码并记录,诊断接口如图5.4所示(以欧诺为例)。

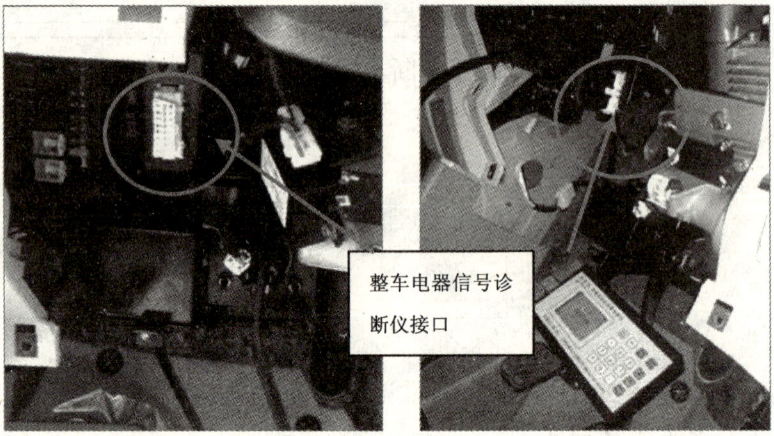

图5.4

• 根据不同故障代码进行相应处理,见表5.1。

表5.1

故障代码	原 因	排故方法
22	无发动机转速信号输入	①将发动机启动,观察仪表发动机转速显示情况; ②若仪表转速显示异常,则需检查确认转速信号输入是否正常; ③清除历史故障代码。
21;23;24	无车速信号	①将发动机启动并行驶1 km左右,观察仪表车速显示是否正常; ②若仪表车速显示异常,则需检查确认车速信号输入是否正常; ③清除历史故障代码。

续表

项　目	主要内容
操作方法	（见下）

续表

故障代码	原　因	排故方法
11;13;14;15	①控制器故障； ②传感器故障。	①更换控制器总成，若故障未消除，则执行步骤②； ②更换转向柱本体带电机总成。
41;42;43;44;45;	①控制器故障； ②电机故障。	①更换控制器总成，若故障未消除，则执行步骤②； ②更换转向柱本体带电机总成。
51;52;54;55	控制器故障	更换控制器总成。

注：21 故障代码在诊断仪中显示为 C1121，即读取后两位数字为故障代码。

(2)手动诊断方式

- 读取故障代码：点火开关置 ON 挡，将控制器总成 B2 端子用维修导线接地观察仪表 EPS 指示灯闪码读取故障代码。
- 清除故障代码：点火开关置 ON 挡，将 EPS 控制器的 B2 端子用维修导线接地并快速通断 5 次以上（频率约为每秒 2 次），即可清除故障代码。
- EPS 指示灯闪码方式说明：

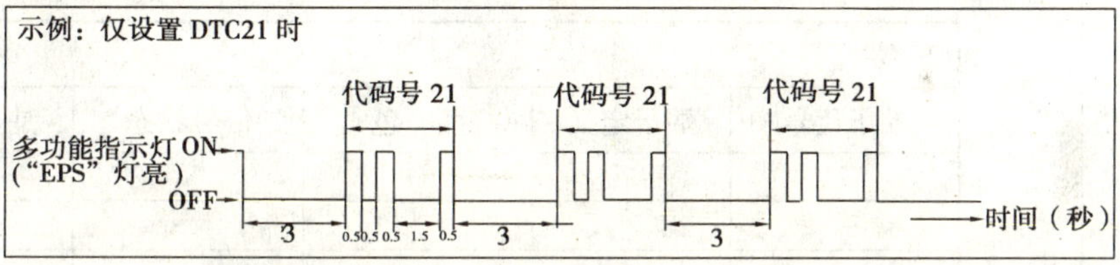

注：有多个故障代码时，闪码方式为从最小编号代码开始显示，每种代码显示 3 次，然后重复闪码。

- B2 端子位置，如图 5.5 所示。

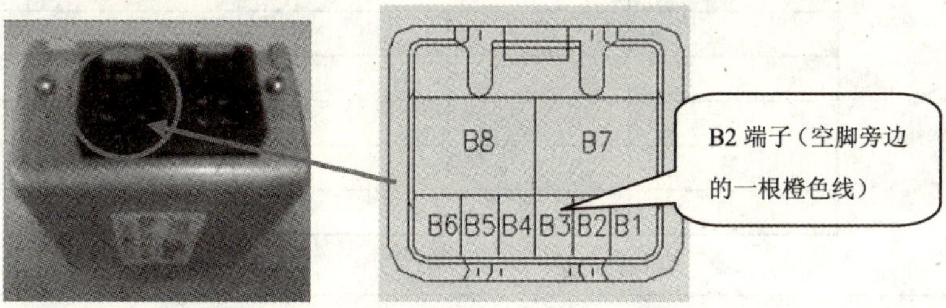

图 5.5

(3)检验

- 路试确认故障是否排除。
- 路试校正转向盘。

续表

<table>
<tr><th>项　目</th><th>主要内容</th></tr>
<tr><td>注意事项</td><td>
• 在调电位时,方向盘不能受力。
• 紧固传感器时,紧固力矩为 6 ~ 7 N · m。
• 紧固传感器后,腰形槽内要注塑防松。
当处理电子部件时:
• 避免撞击电子部件,如 ECU 和电机。如果这些部件严重跌落或遭受严重撞击,则应换新件。
• 不要将任何电子部件暴露在高温或潮湿环境中。
• 不要经常触碰连接器端子,以防变形或因静电而引起故障。
当处理机械总成时:
• 避免撞击管柱或转向机总成,特别是电机或扭矩传感器。如果这些部件跌落或遭受严重撞击,则应换新件。
• 当移动管柱或转向机总成时,不要提拉线束。
当断开和重新连接连接器时:
• 确保点火开关置于 OFF 位置。
</td></tr>
<tr><td>小组训练</td><td>
请找出与 EPS 控制器相连的端子,并通过检测记录各线束的端子定义、颜色、信号状态,并判断是否正常:
表 5.2
<table>
<tr><td colspan="5">车型:</td></tr>
<tr><td>端子代号</td><td>端子定义</td><td>颜　色</td><td>信号状态</td><td>是否正常</td></tr>
<tr><td></td><td></td><td></td><td></td><td></td></tr>
<tr><td></td><td></td><td></td><td></td><td></td></tr>
<tr><td></td><td></td><td></td><td></td><td></td></tr>
<tr><td></td><td></td><td></td><td></td><td></td></tr>
<tr><td></td><td></td><td></td><td></td><td></td></tr>
<tr><td></td><td></td><td></td><td></td><td></td></tr>
<tr><td></td><td></td><td></td><td></td><td></td></tr>
<tr><td></td><td></td><td></td><td></td><td></td></tr>
<tr><td></td><td></td><td></td><td></td><td></td></tr>
<tr><td></td><td></td><td></td><td></td><td></td></tr>
<tr><td></td><td></td><td></td><td></td><td></td></tr>
</table>
</td></tr>
<tr><td>训练小结</td><td>请结合小组训练情况,总结练习心得,并对不足之处提出改进意见:</td></tr>
</table>

续表

技能训练 2:转向器的检修	
项 目	主要内容
主要工具	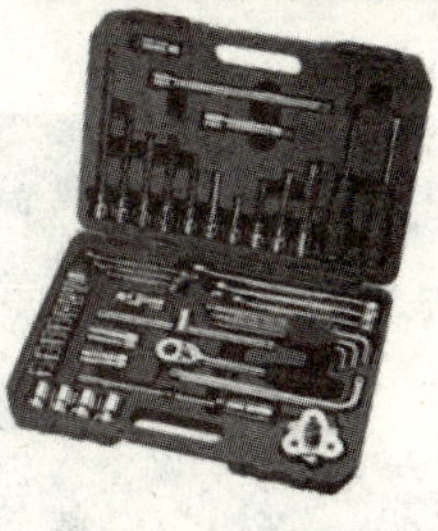 图 5.6 常用工具
操作方法	(1)验证故障现象 • 根据用户反馈现象重新验证,如转向力明显偏沉或回位不良,则按流程进行维修; • 如验证后发现车辆转向沉重或回位不良现象不明确,则需在水平路面上与同型号新车进行对比测试,问题确认后方可进行检查维修。 (2)检查胎压是否合格 • 按车辆轮胎气压标牌数值检查胎压是否在正常范围内;如胎压偏低,则调整到正常范围,如转向沉重未消除,则进行第三步检查。 (3)转向相关部件工作状况检查 • 顶起车辆使前轮悬空,转动方向盘,如感到转向轻易,则可先检查前支柱是否正常。如感觉转向偏沉或转向卡滞,则需重点对转向器、转向管柱、转向拉杆进行检查。 1)前支柱检查(图 5.7) 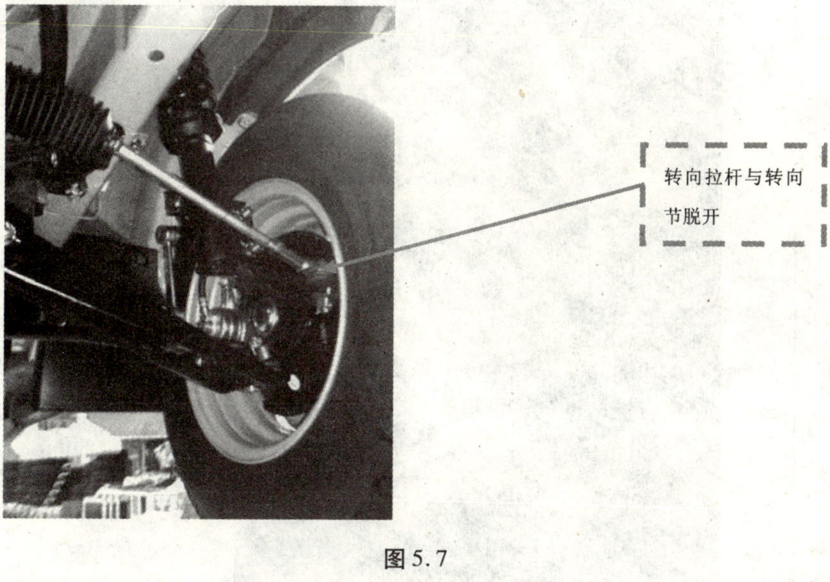 图 5.7 转向拉杆与转向节脱开,拆下车轮,用手推动制动器,如出现转动困难,则更换前支柱。由前支柱其他原因引起的转向沉重无法直接判断,需选用换装新零

续表

<table>
<tr><th>项目</th><th>主要内容</th></tr>
<tr><td>操作方法</td><td>件方式进行判断。
2)转向器检查(图5.8)
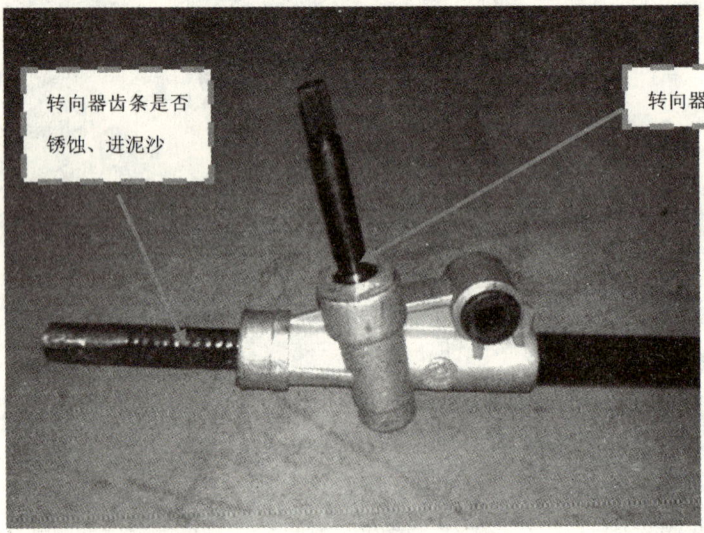

图5.8
查看转向器齿条是否锈蚀、内部是否有泥沙等杂质,如有则更换转向器。用手转动小齿轮,应灵活、无卡滞现象,否则更换转向器。
3)转向柱检查(图5.9)
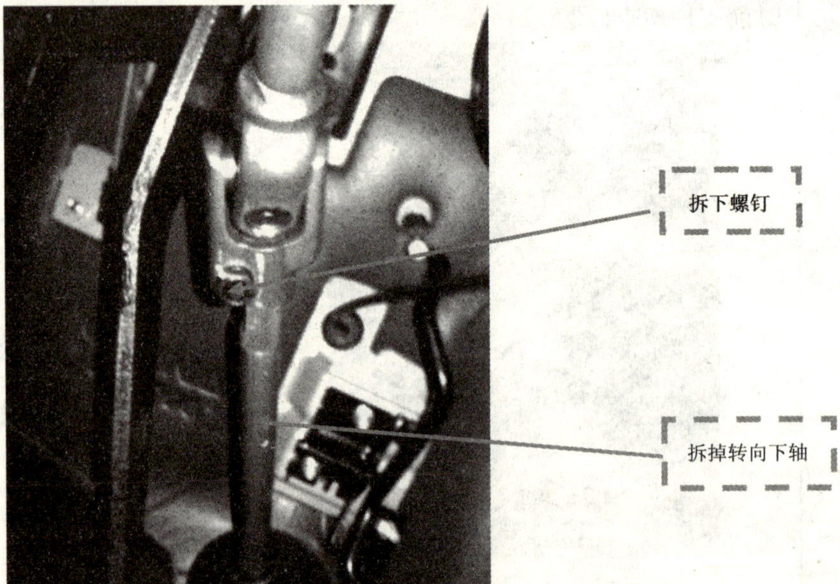

图5.9</td></tr>
</table>

续表

<table>
<tr><th>项　目</th><th>主要内容</th></tr>
<tr><td>操作方法</td><td>
拆下螺钉使转向上、下轴脱开，缓慢转动方向盘，如出现转动费力或卡滞现象，则更换转向柱；
4）转向拉杆检查（图 5.10）
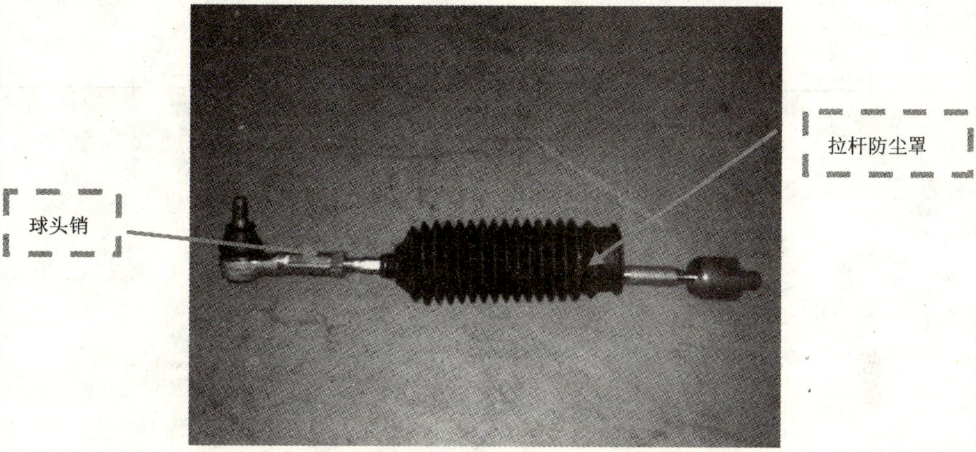

图 5.10
用手转动球头销，如出现转动困难（球头销的摆动力矩一般为0.5～3.5 N·m），则更换转向拉杆；造成拉杆球头转动困难的主要原因为防尘罩功能失效，进入泥沙等杂质，或球头承受外力导致弯曲变形。
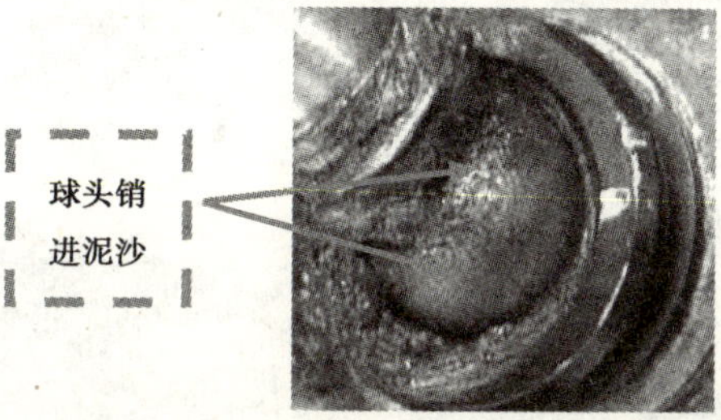

图 5.11
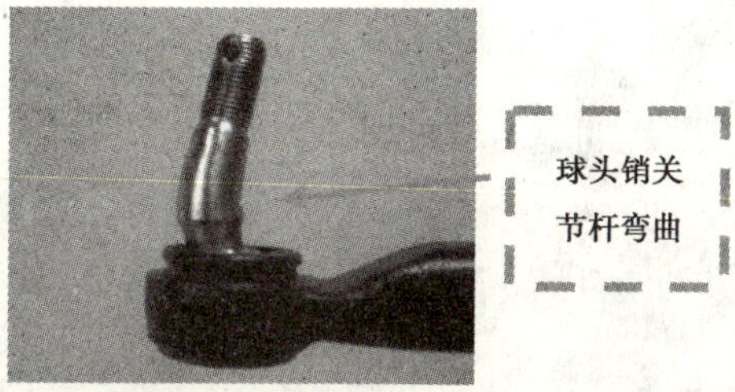

图 5.12
</td></tr>
<tr><td>注意事项</td><td>按规定力矩拧紧螺栓</td></tr>
<tr><td>小组训练</td><td>
请将所测的数据记入表 5.3 中，并根据测量结果给出结论。
表 5.3
<table>
<tr><td colspan="3">车型：</td></tr>
<tr><td></td><td>检查记录</td><td>是否合格</td></tr>
<tr><td>检查胎压</td><td></td><td></td></tr>
<tr><td>前支柱检查</td><td></td><td></td></tr>
<tr><td>转向器检查</td><td></td><td></td></tr>
<tr><td>转向柱检查</td><td></td><td></td></tr>
<tr><td>转向拉杆检查</td><td></td><td></td></tr>
<tr><td>维修结论</td><td></td><td></td></tr>
</table>
</td></tr>
</table>

续表

项　目	主要内容
训练小结	请结合小组训练情况,总结练习心得,并对不足之处提出改进意见:

5.2 悬架系统的检修

☞ 维修案例描述

用户反映:汽车行驶中,悬架异响。

☞ 案例故障原因分析

(请结合你的实践经验和理解,分析该故障可能存在的原因,并小组讨论主要诊断流程,记入右侧空格)

可能原因:______________________________

____

____

____

______________________________。

主要诊断步骤:

☞ 知识回顾

(请结合你所自学的理论知识回答右侧问题)

1. 长安欧诺前悬架的结构:______________________________

____

____

____

____

______________________________。

2. 长安欧诺后悬架使用的是:______________________________。

A. 麦弗逊式独立悬架　　B. 多连杆式独立悬架

C. 扭力梁式半独立悬架

☞ 技能训练

<table>
<tr><th colspan="2">技能训练1:悬架各连接螺栓检查(自学)</th></tr>
<tr><th>项　目</th><th>主要内容</th></tr>
<tr><td>主要工具</td><td>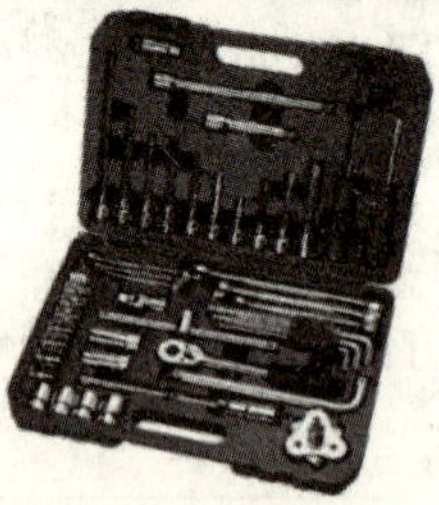
图5.13　常用工具</td></tr>
<tr><td>操作方法</td><td>(1)前悬架异响的检查
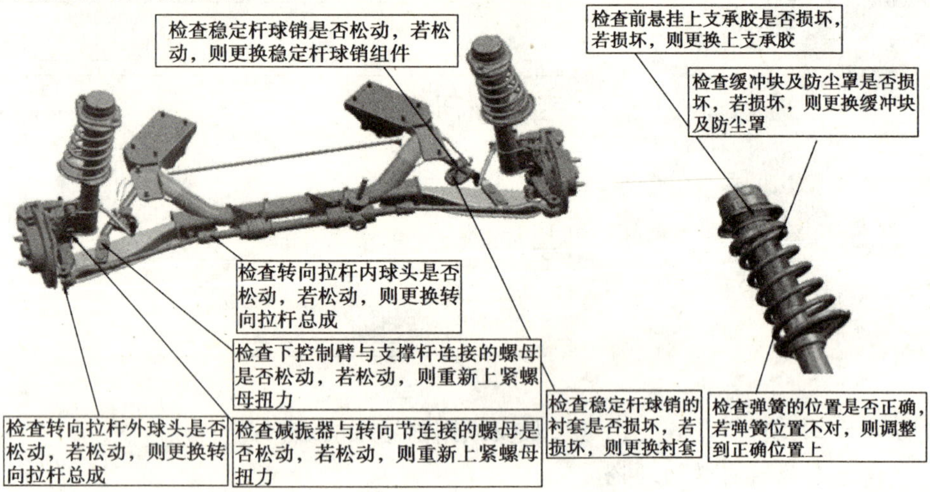

图5.14
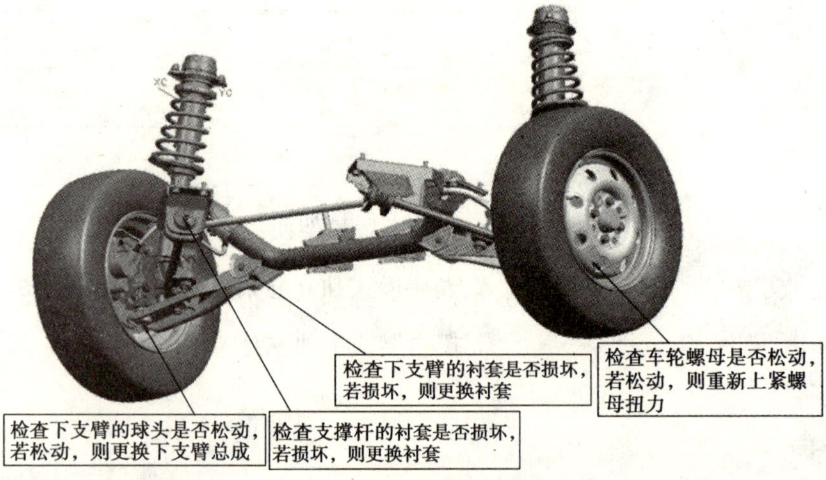

图5.15</td></tr>
</table>

续表

<table>
<tr><th>项　目</th><th>主要内容</th></tr>
<tr><td></td><td>(2)后悬架异响的检查
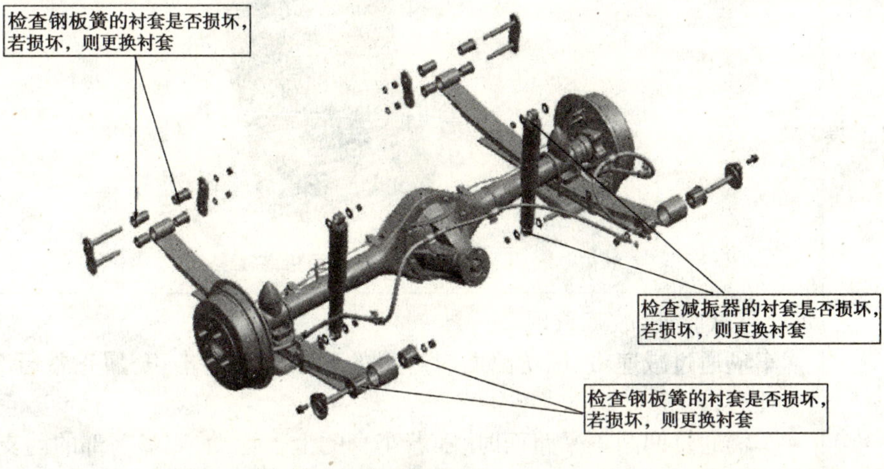

图 5.16</td></tr>
<tr><td>注意事项</td><td>按规定力矩拧紧螺栓</td></tr>
<tr><td>小组训练</td><td>请将所测的数据记入表 5.4 中，并根据测量结果给出结论。
表 5.4
<table><tr><td colspan="3">车型：</td></tr><tr><td></td><td>检查记录</td><td>是否合格</td></tr><tr><td>检查各连接螺栓是否松动或损坏</td><td></td><td></td></tr><tr><td>检查各衬套是否损坏</td><td></td><td></td></tr><tr><td>检查各球头销是否损坏或松旷</td><td></td><td></td></tr><tr><td>检查各防尘罩是否损坏</td><td></td><td></td></tr><tr><td>检查各支承胶垫是否损坏</td><td></td><td></td></tr><tr><td>维修结论</td><td></td><td></td></tr></table></td></tr>
<tr><td>训练小结</td><td>请结合小组训练情况，总结练习心得，并对不足之处提出改进意见：</td></tr>
</table>

续表

技能训练2:前支柱异响维修(自学)	
项　目	主要内容
主要工具	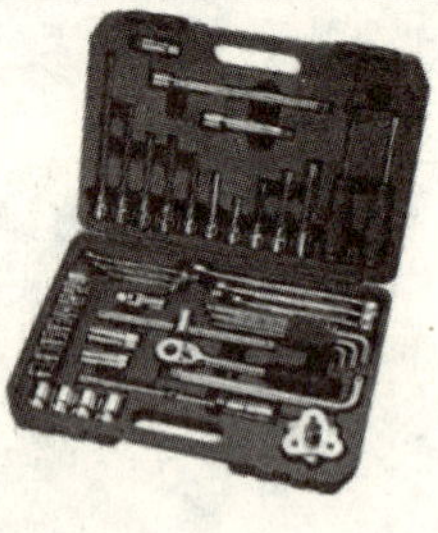 图5.17　常用拆装工具
操作方法	(1)路试验证,故障重现 ● 车辆通过减速带、凹坑路面时产生的冲击声或撞击声,属正常行车噪声,不作处理; ● 车辆通过凹凸不平路面时,随着车身的上下摆动,底盘前部的前支柱部位发出低沉的“磕磕”声响,声音比较沉闷,不是前支柱内部活塞运动产生的“扑哧、扑哧”的声音及螺旋弹簧伸缩声音,与底盘其他零件干涉产生的响声有所区别,疑似前支柱异响,按照第二步作进一步排查。 (2)检查胎压是否合格 ● 按各车型铭牌标定数值检查胎压是否在正常范围内;如胎压不合格,调整胎压至正常范围后,以相同的路况、车速和乘员进行试车验证,如异响未消除,按照第三步作进一步排查。 (3)检查扭力是否合格 ● 检查标准件扭力,如有松动,会造成金属碰撞异响; 1)减振器与车身连接螺母(图5.18、图5.19) 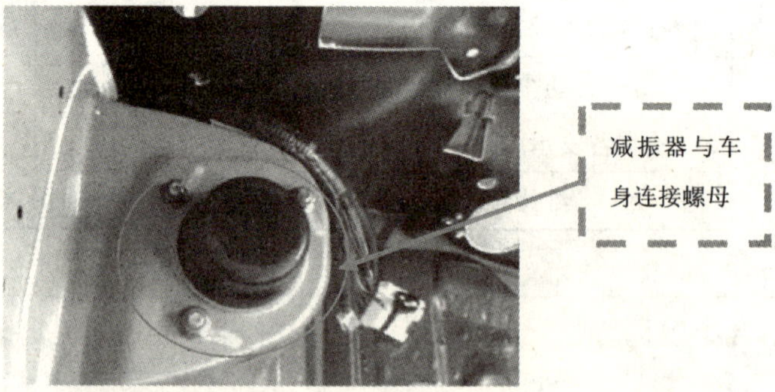 图5.18 2)稳定杆与车身/副车架连接螺栓(图5.20) ①副车架(前轴本体)与车身连接螺栓/螺母(A处) ②前摆臂与副车架(前轴本体)/车身连接螺栓(B处) ③减振器与转向节连接螺栓(C处) ④转向拉杆与转向节连接螺母(D处)

续表

<table>
<tr><th>项　目</th><th>主要内容</th></tr>
<tr><td>操作方法</td><td>

⑤前摆臂与转向节连接螺栓/螺母(E 处)

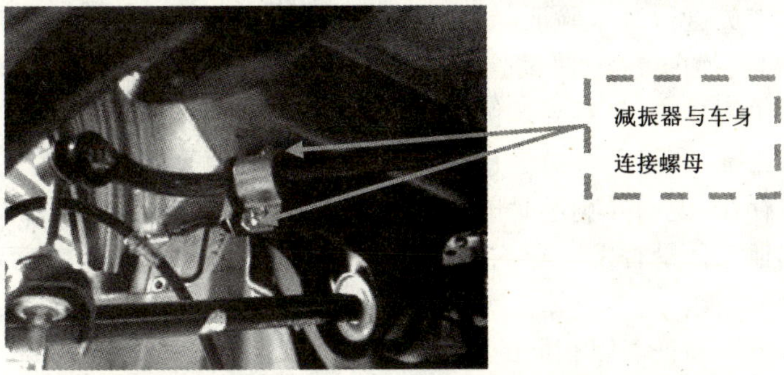

图 5.19

图 5.20

3)前悬架压杆与摆臂、车身连接螺母(图 5.21)

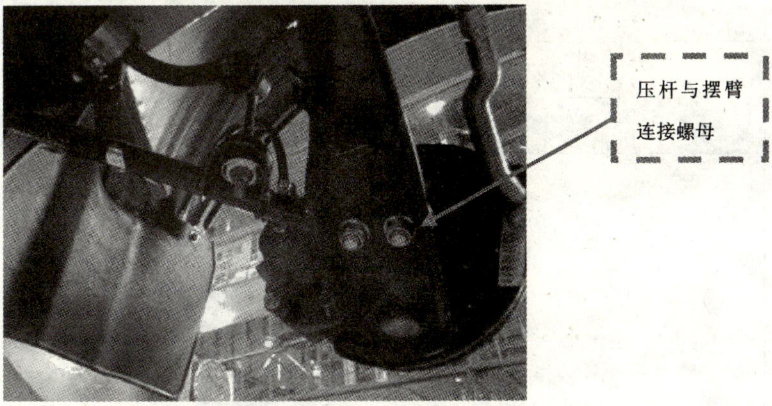

图 5.21

</td></tr>
</table>

续表

<table>
<tr><th>项 目</th><th>主要内容</th></tr>
<tr><td>操作方法</td><td>●如扭力不合格,参照各车型维修手册要求重新打扭力,并以相同的路况、车速和乘员进行试车验证,如异响未消除,按照第四步作进一步排查。
(4)更换前支柱,路试验证
●单侧异响,只对异响侧前支柱进行更换,无须成对更换;更换前支柱后以相同的路况、车速和乘员进行试车验证,如异响消失,说明原前支柱有异响;如异响依然存在,说明异响不是前支柱异响,需换回原前支柱,并查找与前支柱相关联的其他零件是否发生异响。
(5)检验
●试车验证需以相同的路况、车速和乘员进行;
●进行路试检查正常后把车辆交付用户。</td></tr>
<tr><td>注意事项</td><td>按规定拧紧力矩</td></tr>
<tr><td>小组训练</td><td>请将所测的数据记入表5.5中,并根据测量结果给出结论。
表5.5
<table><tr><td colspan="3">车型:</td></tr><tr><td></td><td>检查记录</td><td>是否合格</td></tr><tr><td>检查各连接螺栓是否松动</td><td></td><td></td></tr><tr><td>维修结论</td><td></td><td></td></tr></table></td></tr>
<tr><td>训练小结</td><td>请结合小组训练情况,总结练习心得,并对不足之处提出改进意见:</td></tr>
<tr><td colspan="2">技能训练3:前支柱总成的拆装及分解</td></tr>
<tr><th>项 目</th><th>主要内容</th></tr>
<tr><td>主要工具</td><td>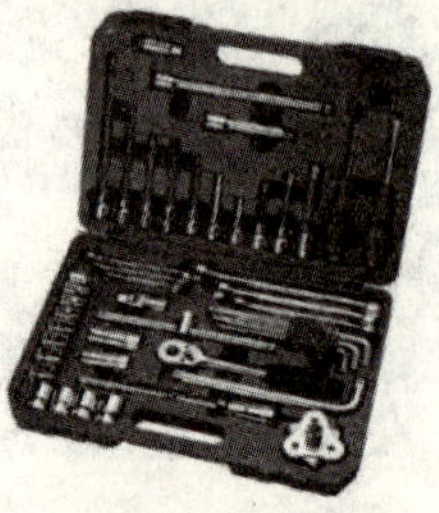
图5.22 常用工具</td></tr>
</table>

续表

<table>
<tr><th>项　目</th><th>主要内容</th></tr>
<tr><td>操作方法</td><td>
(1)前悬架总成拆装
●拆卸车轮。
●取下前制动软管与制动软管支架的连接螺栓 a,并将制动软管从制动软管支架上取下。
●取下前支柱总成与前制动器总成连接螺栓 b,并将其分离(图 5.23)。
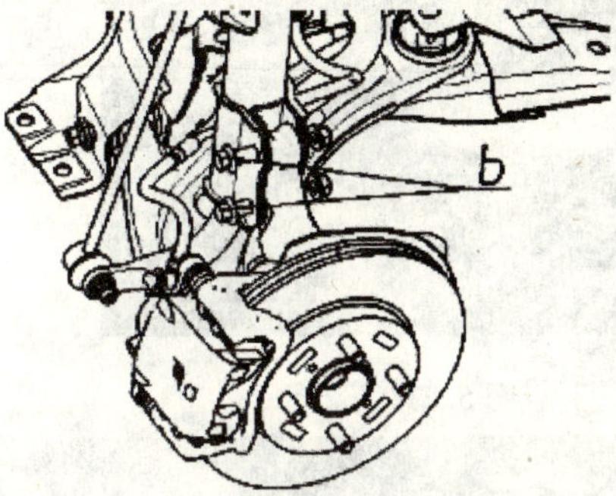

图 5.23

图 5.24
●取下连接杆总成与前支柱总成连接螺母 c(图 5.24)。
●打开发动机罩,取下前支柱上方的雨刮电机及支架,然后逆时针旋转前支柱顶盖,待顶盖取下后,再取下前支柱总成与车身固定螺母,最后取下前支柱。
(2)前支柱总成的分解
●用平口螺丝刀将防尘罩翘起(图 5.25)。
●用橡胶皮包裹弹簧压缩器加紧部位(图 5.26)。
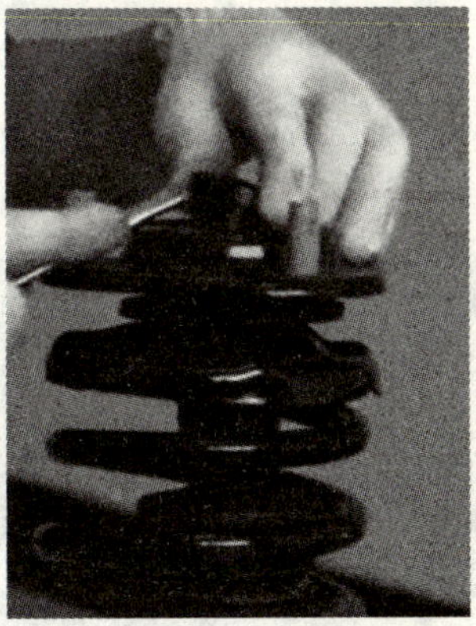
图 5.25
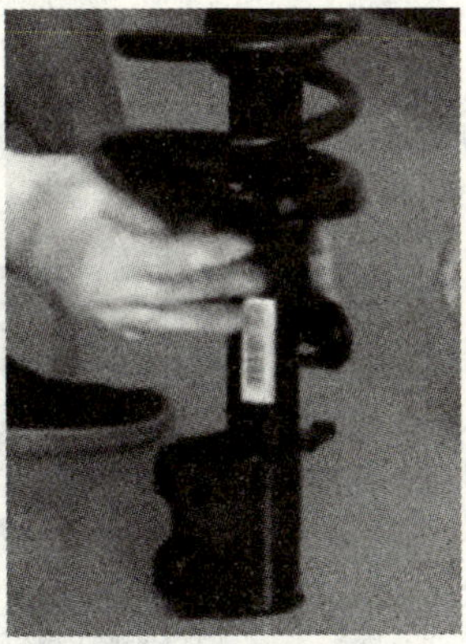
图 5.26
●将支柱总成放置于压缩机上,且托架总成置于平整木桩上,用右侧手柄加紧减振器(图 5.27)。
●调整压缩机上方把手使其紧贴弹簧压套斜面(图 5.28)。
</td></tr>
</table>

续表

项　目	主要内容
操作方法	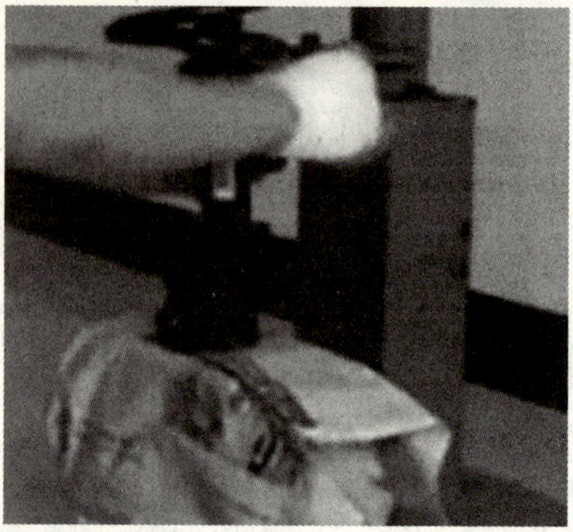 图 5.27  图 5.28 • 转动顶部手柄,使其压缩减振器弹簧 15 ~ 30 mm,使外连接套总成不受弹簧的预紧力(图 5.29)。 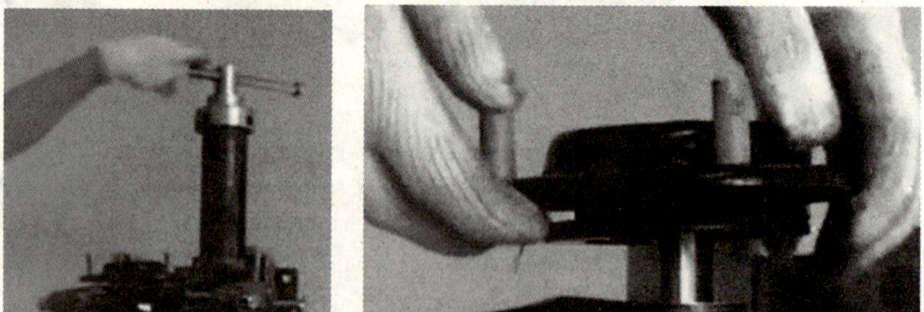 图 5.29

续表

<table>
<tr><th>项 目</th><th>主要内容</th></tr>
<tr><td>操作方法</td><td>

• 用专用卡具两凸台卡在内连接套两凹槽内，用 22 mm 标准六角套筒套住装在活塞杆上的 M14 六角螺母，顺时针转动专用卡具，逆时针转动六角套筒，将六角螺母旋出，依次取下六角螺母、弹簧垫圈及外连接套总成(图 5.30)。

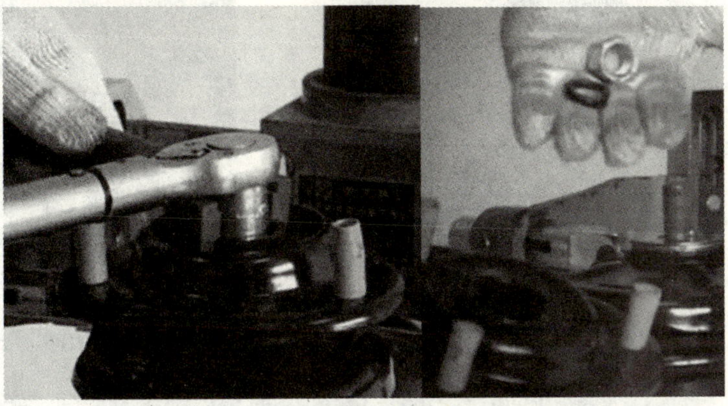

图 5.30

• 反向缓慢转动顶部手柄，使弹簧压套上升，直至完全解除弹簧预紧力，依次取下轴承总成、弹簧压套分总成、螺旋弹簧(图 5.31)。

图 5.31

• 松开右侧手柄，取下减振器总成(图 5.32)。

• 取出防尘罩(图 5.33)。

• 用工具轻敲取限位套，检查限位套油封表面是否漏油或损伤(图 5.34)。

</td></tr>
</table>

续表

<table>
<tr><th>项　目</th><th>主要内容</th></tr>
<tr><td>操作方法</td><td>
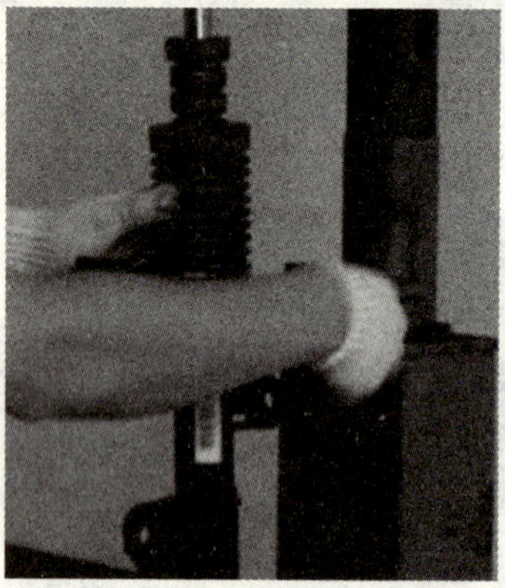
图 5.32
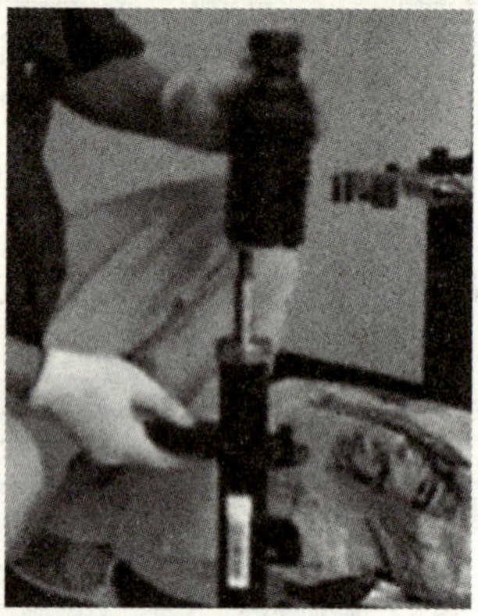
图 5.33
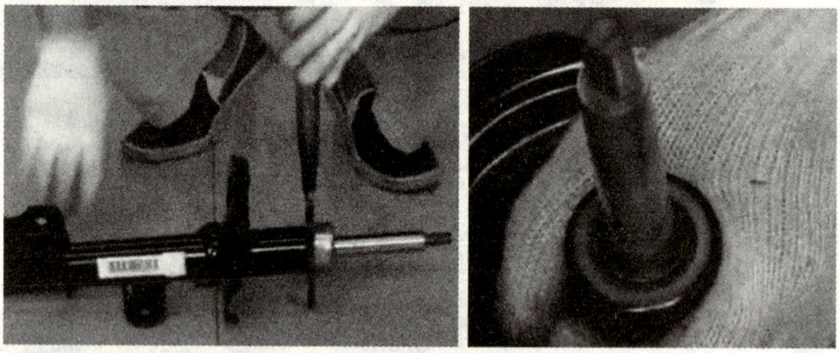
图 5.34
● 检查减振器总成及上述各零部件是否有损坏或异常,若有损坏或异常,更换相应零部件。
</td></tr>
<tr><td>注意事项</td><td>拆装减振弹簧时要缓慢转动弹簧压缩机顶部手柄,注意安全。</td></tr>
<tr><td>小组训练</td><td>
请将所测的数据记入表 5.6 中,并根据测量结果给出结论。
表 5.6
<table>
<tr><td colspan="3">车型:</td></tr>
<tr><td></td><td>检查记录</td><td>是否合格</td></tr>
<tr><td>检查前支柱各部件是否损坏或异常</td><td></td><td></td></tr>
<tr><td>确认前支柱上安装的贴合面是否存在毛刺</td><td></td><td></td></tr>
<tr><td>各零部件是否有损坏或异常</td><td></td><td></td></tr>
<tr><td>维修结论</td><td></td><td></td></tr>
</table>
</td></tr>
<tr><td>训练小结</td><td>请结合小组训练情况,总结练习心得,并对不足之处提出改进意见:</td></tr>
</table>

5.3　车轮及轮胎的检修

☞ 维修案例描述

用户反映:汽车行驶中,车轮异响。

☞ 案例故障原因分析

(请结合你的实践经验和理解,分析该故障可能存在的原因,并小组讨论主要诊断流程,记入右侧空格)

可能原因:______________________________

____

____

____

____。

主要诊断步骤:

☞ 知识回顾

(请结合你所自学的理论知识回答右侧问题)

1. 车轮的结构:______________________________

____

____

____

____

____。

2. 长安欧诺使用的车轮型号是:______________________。

☞ 技能训练

<table>
<tr><th colspan="2">技能训练1:车轮及轮胎异响的检修</th></tr>
<tr><th>项　目</th><th>主要内容</th></tr>
<tr><td>主要工具</td><td>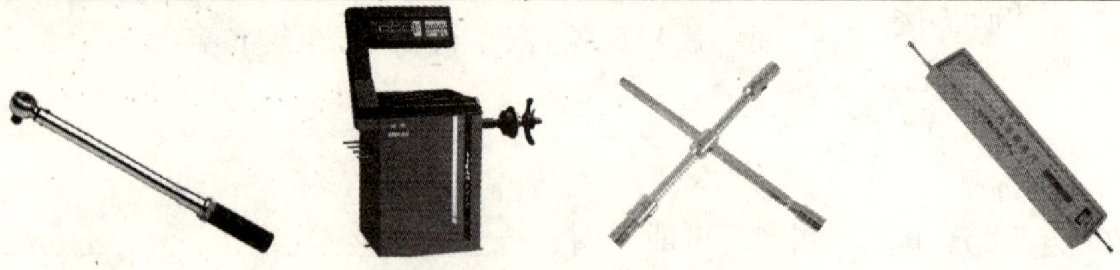
扭力扳手　车轮动平衡仪　套筒扳手　前束尺
图5.35</td></tr>
<tr><td>操作方法</td><td>(1)路试验证,故障重现
● 车辆通过减速带、凹坑路面时产生的冲击声或撞击声,属正常行车噪声,不作处理;
● 车辆通过凹凸不平路面时,随着车身的上下摆动,车轮发出异响声,按照以下步骤作进一步排查。
(2)检查胎压是否合格
● 按各车型铭牌标定数值检查胎压是否在正常范围内;如胎压不合格,调整胎压至正常范围后,以相同的路况、车速和乘员进行试车验证,如异响未消除,按照第三步作进一步排查。
(3)检查扭力是否合格
● 检查标准件扭力,如有松动会造成金属碰撞异响;

图5.36
● 如扭力不合格,按要求重新打扭力,并以相同的路况、车速和乘员进行试车验证,如异响未消除,按照第四步作进一步排查。
(4)重新进行四轮定位,检测四轮定位参数是否符合要求
● 对车辆重新进行四轮定位参数检测,确认前束值等是否满足要求,如不满足,通过调整转向拉杆进行重新确定。</td></tr>
</table>

续表

项　目	主要内容
操作方法	(5)重新进行车轮动平衡检测 • 拆卸车轮，在动平衡设备上进行检测，对不满足动平衡要求的车轮重新装配平衡块，达到设计要求。 (6)车轮总成拆卸要求 • 将车辆用举升机顶起，使车轮悬空。 • 将 4 颗车轮螺母拧松取下。 • 取下车轮装饰罩(如果有)。 • 取下车轮总成。 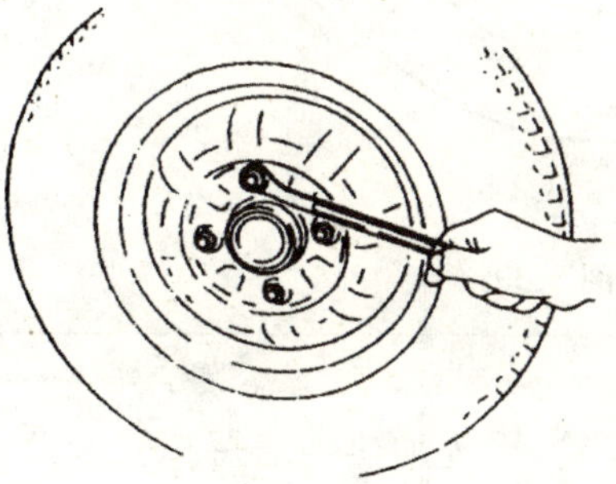 图 5.37 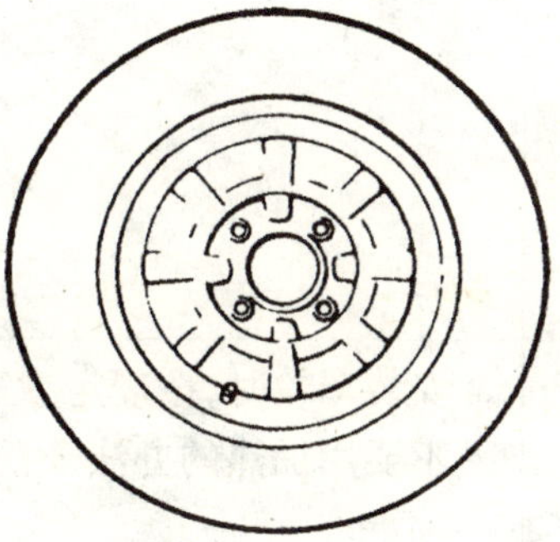 图 5.38 • 用轮胎拆装机将轮胎与车轮分离。 (7)车轮安装要求 • 用轮胎拆装机将车轮及轮胎进行分装。 注意：必须保证轮胎上的重点与车轮上的轻点对应。 • 按规定气压对轮胎进行充气。 • 进行动平衡检验，增加相应的平衡块，满足动平衡要求。 • 将车轮放入前后车轮螺杆上。 • 装配车轮装饰盖(如果有)。 • 如图 5.39 所示，车轮螺母必须按对角线方向逐次拧紧至适当扭矩，以免车轮和制动盘弯曲。 注意：安装车轮时，如安装表面上的金属贴合不好，则可能引起车轮螺母松脱，并进而导致在车辆行驶时，车轮从车身脱落。因此必须先将车轮安装表面及制动盘/制动鼓安装表面上寄存的铁锈去除。注意：轮胎拆装机安装或拆卸轮胎，应遵照设备制造厂家的说明，不要仅使用手动工具或轮胎撬棒来更换轮胎，因为它们会损害轮胎胎缘或轮辋。 　　轮辋外缘应用钢丝刷清洁，或用粗铁绒除去润滑剂、旧橡胶和少量的铁锈。在安装或拆卸轮胎前，应用合适的轮胎润滑剂妥善润滑胎缘部分。安装后，应将

续表

<table>
<tr><th>项 目</th><th>主要内容</th></tr>
<tr><td>操作方法</td><td>轮胎充气至规定胎压(轮胎说明中所示)以便胎缘完全落地。
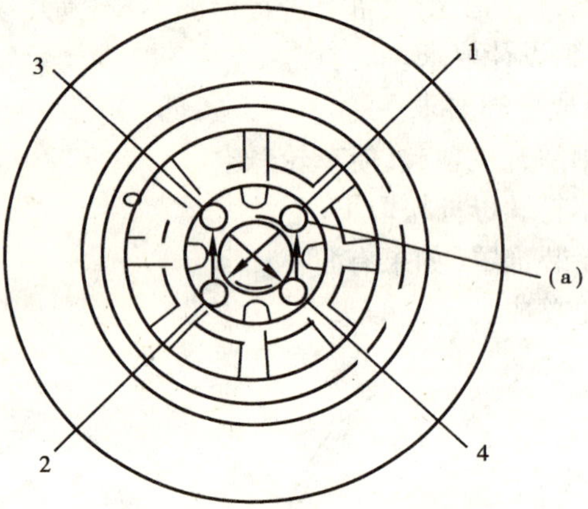

图 5.39</td></tr>
<tr><td>注意事项</td><td>• 安装车轮时,按规定力矩拧紧螺栓。
• 不要用加热的办法来松开过紧的车轮,因为加热会缩短车轮寿命并损伤车轮轴承。
• 单个车轮总成不得超过 2 个平衡块。</td></tr>
<tr><td>小组训练</td><td>请将所测的数据记入表 5.7 中,并根据测量结果给出结论。
表 5.7
<table><tr><td colspan="3">车型:</td></tr><tr><td></td><td>检查记录</td><td>是否合格</td></tr><tr><td>轮胎胎压</td><td></td><td></td></tr><tr><td>轮胎的磨损情况</td><td></td><td></td></tr><tr><td>前轮前束</td><td></td><td></td></tr><tr><td>车轮螺母扭力</td><td></td><td></td></tr><tr><td>轮胎动平衡检查</td><td></td><td></td></tr><tr><td>维修结论</td><td></td><td></td></tr></table></td></tr>
<tr><td>训练小结</td><td>请结合小组训练情况,总结练习心得,并对不足之处提出改进意见:</td></tr>
</table>

续表

技能训练2:前轮毂总成异响的检修(自学)	
项　目	主要内容
主要工具	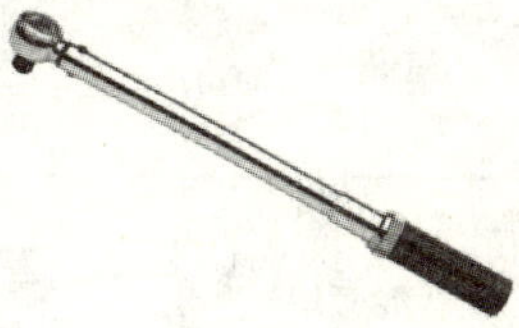 扭力扳手 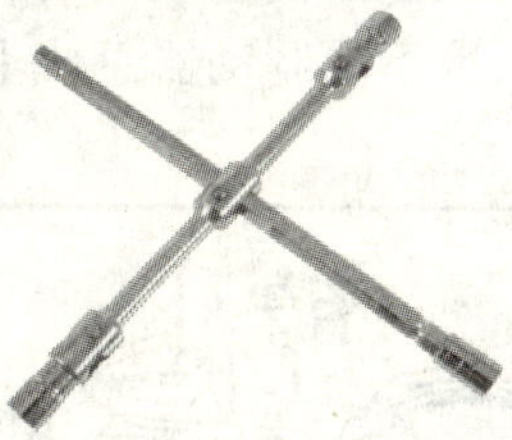 套筒扳手 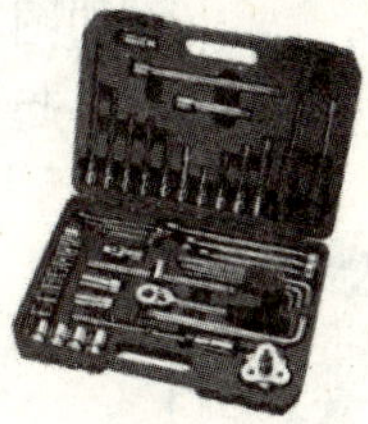 常用工具 图5.40
操作方法	(1)路试验证,故障重现 • 车辆通过减速带、凹坑路面时产生的冲击声或撞击声,属正常行车噪声,不作处理; • 车辆通过凹凸不平路面时,随着车身的上下摆动,底盘前部的前制动器部位发出"磕磕"声响;车辆上举升机后,转动前车轮,在前轮毂轴承部位发出异响声,疑似前轮毂轴承异响,按照以下步骤作进一步排查。 (2)检查扭力是否合格 • 检查标准件扭力,如有松动,会造成金属碰撞异响。 • 如扭力不合格,按要求重新打扭力,并以相同的路况、车速和乘员进行试车验证,如异响未消除,按照以下步骤作进一步排查。 (3)更换前轮毂轴承,路试验证 • 单侧异响,只对异响侧前轮毂轴承进行更换,无须成对更换;更换前轮毂轴承后以相同的路况、车速和乘员进行试车验证,如异响消失,说明原前轮毂轴承有异响;如异响依然存在,说明异响不是前轮毂轴承异响,需换回原前轮毂轴承,并查找与前轮毂轴承相关联的其他零件是否发生异响。 (4)检验 • 试车验证需以相同的路况、车速和乘员进行; • 进行路试检查正常后把车辆交付用户。 (5)前轮毂总成拆卸要求 • 将车辆顶起并取下车轮。 • 如图5.41所示取下前制动器总成上的轮毂盖(用锤子及起子轻敲轮毂盖周围的三处,注意不要使轮毂盖的支座部分变形或损坏)。 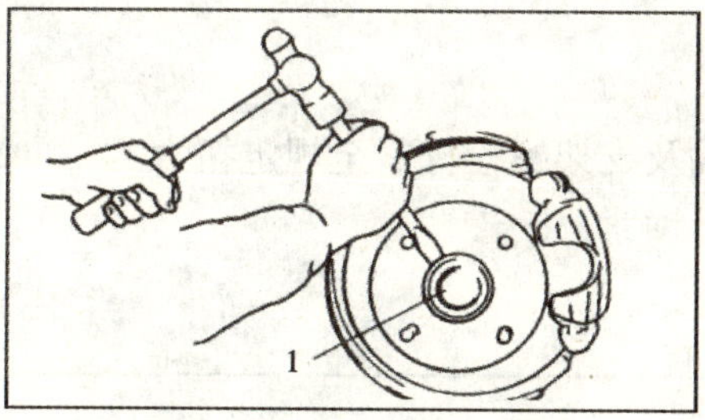 图5.41 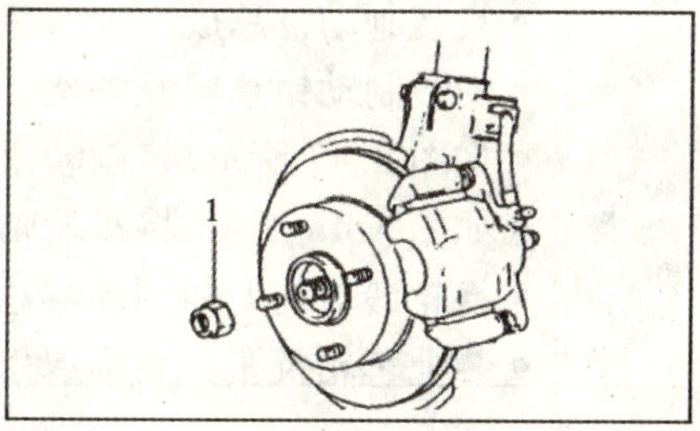 图5.42

续表

项　目	主要内容
操作方法	• 拧松前制动器总成上的前轮毂固定螺母并取下(图 5.42)。 • 如图 5.43 所示,取下前制动器总成上的制动钳支架螺栓,将制动钳连同支架一起取下。 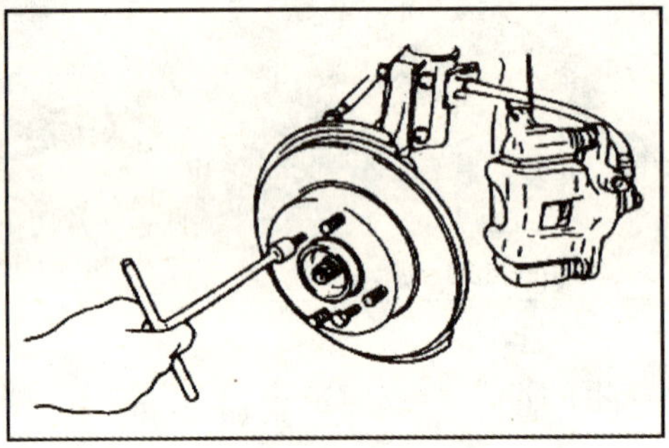 图 5.43 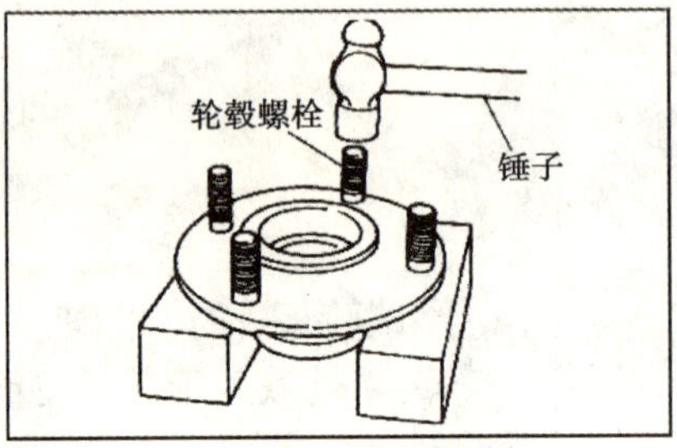 图 5.44 • 用两个 M8 螺栓取下制动盘。 • 用手取下前轮毂总成。 • 如图 5.44 所示,取下前轮毂螺栓(如有必要)。 (6)前轮毂总成安装要求 • 如图 5.45 所示,将新螺栓插入前轮毂总成孔内,慢慢转动螺栓,使其细齿与原来的保持一致。 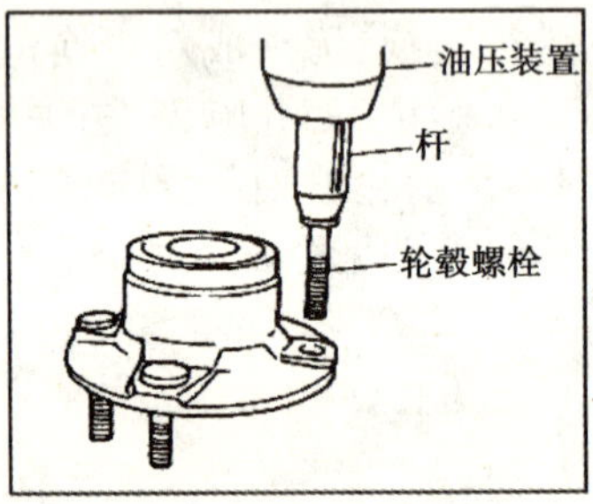 图 5.45 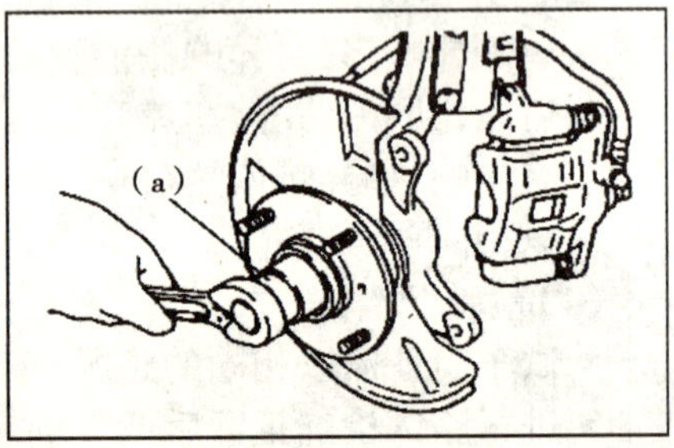 图 5.46 • 如图 5.46 所示,将前轮毂总成固定到前制动器总成上,并将固定螺母拧紧至规定扭矩。 • 安装制动盘总成。 • 安装制动钳总成及支架。 • 如图 5.47 所示,将制动钳总成及支架螺栓拧紧至规定扭力。 • 如图 5.48 所示,将车轮轴螺母锁紧。 • 将轮毂盖装上前制动器总成。 • 装上车轮及车轮装饰罩(如果有)。

续表

<table>
<tr><th>项　目</th><th>主要内容</th></tr>
<tr><td>操作方法</td><td>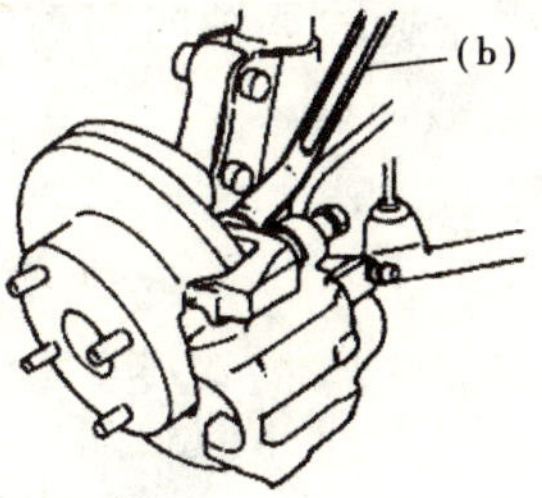图 5.47
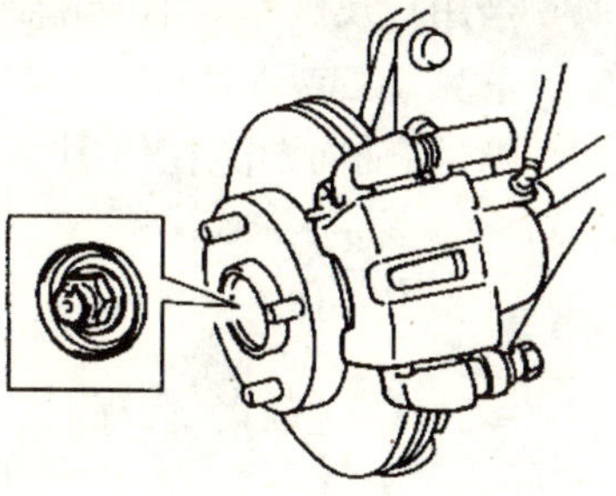图 5.48</td></tr>
<tr><td>注意事项</td><td>● 将取下的制动钳用金属钩一类的东西吊起，以免使前制动软管过度弯折或被拉出。
● 制动器摩擦片取下后，不要踩踏制动踏板。
● 在将螺母锁紧时应小心，以便螺母的锁紧槽部分不发生裂纹，如有裂纹的螺母必须更换。</td></tr>
<tr><td>小组训练</td><td>请将所测的数据记入表 5.8 中，并根据测量结果给出结论。
表 5.8
<table>
<tr><td colspan="3">车型：</td></tr>
<tr><td></td><td>检查记录</td><td>是否合格</td></tr>
<tr><td>车轮螺母扭力</td><td></td><td></td></tr>
<tr><td>轮毂轴承</td><td></td><td></td></tr>
<tr><td>维修结论</td><td></td><td></td></tr>
</table></td></tr>
<tr><td>训练小结</td><td>请结合小组训练情况，总结练习心得，并对不足之处提出改进意见：</td></tr>
<tr><td colspan="2">技能训练 3：前轮毂轴承异响的检修（自学）</td></tr>
<tr><th>项　目</th><th>主要内容</th></tr>
<tr><td>主要工具</td><td>(a)扭力扳手
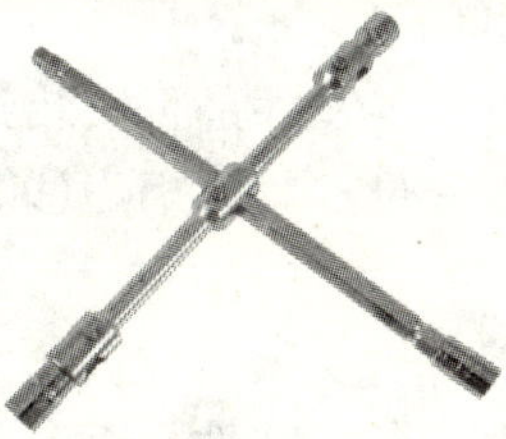(b)套筒扳手
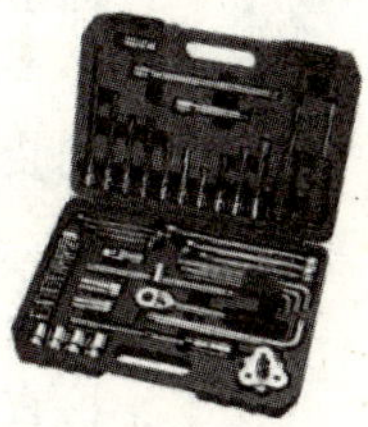(c)常用扳手
图 5.49</td></tr>
</table>

续表

<table>
<tr><th>项 目</th><th>主要内容</th></tr>
<tr><td>操作方法</td><td>

• 当用户反映车轮有异响或者行驶方向不稳时，可根据手感（双手拖住车轮，上下晃动，晃动时按图示箭头方向）检测轮毂轴承轴向间隙，如感觉无轴向间隙，则轴向游隙在使用范围内，不更换轮毂轴承。

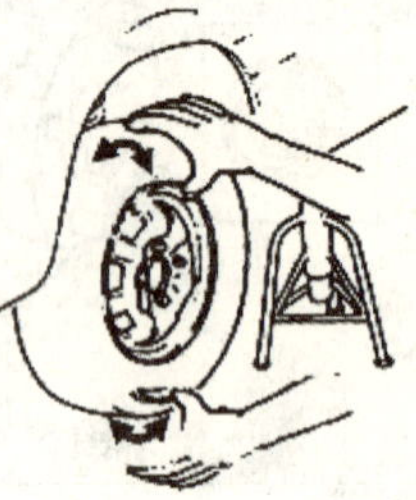

图 5.50

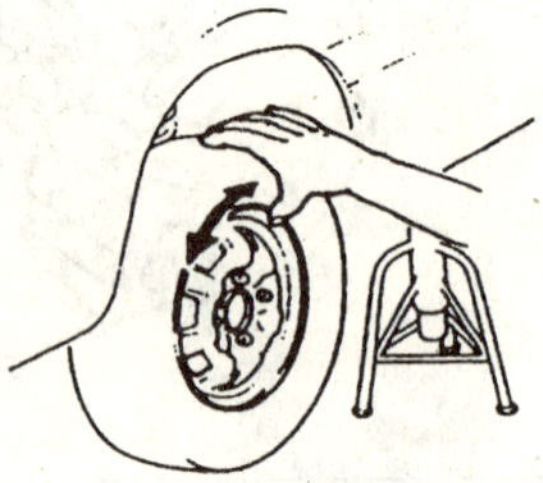

图 5.51

• 将车轮架空，转动车轮（图 5.51），检查轮毂轴承有无噪声，转动是否顺畅。如发现卡滞和噪声时，应换轮毂轴承总成。

(1)处理步骤

• 将车轮架空，拆卸车轮，拆下卡钳总成（带支架）和制动盘，将卡钳总成（带支架）挂起，注意不要拉伸制动软管；

• 依次取下轮毂轴端盖、轮毂轴大螺母，取出轮毂轴承总成；

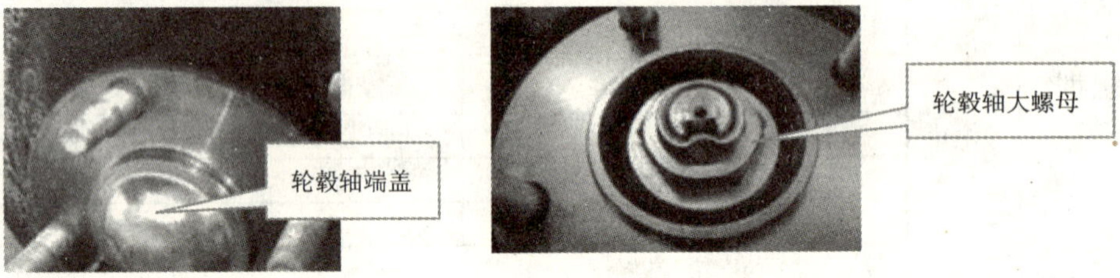

图 5.52

• 更换新的轮毂轴承总成，使用新的轮毂轴大螺母，用扭力扳手对轮毂轴大螺母初步打扭力至(200 ±10) N·m，然后拧紧到规定力矩(250 ±10) N·m；

• 对轮毂轴大螺母冲铆处理，冲铆合格示意图如图 5.53 所示。

• 安装新的轮毂轴端盖；

• 安装卡钳总成（带支架）和制动盘，拧紧卡钳支架与转向节连接的 2 颗螺栓，拧紧力矩为 74 ~91 N·m；

• 检查前制动器总成各零件是否安装到位；

• 安装车轮。车轮螺母拧紧力矩为(90 ±10) N·m。

(2)检验

• 检查轮毂轴端盖是否安装到位；

• 检查前制动器总成各零部件是否安装到位。

</td></tr>
</table>

续表

<table>
<tr><th>项　目</th><th>主要内容</th></tr>
<tr><td>操作方法</td><td>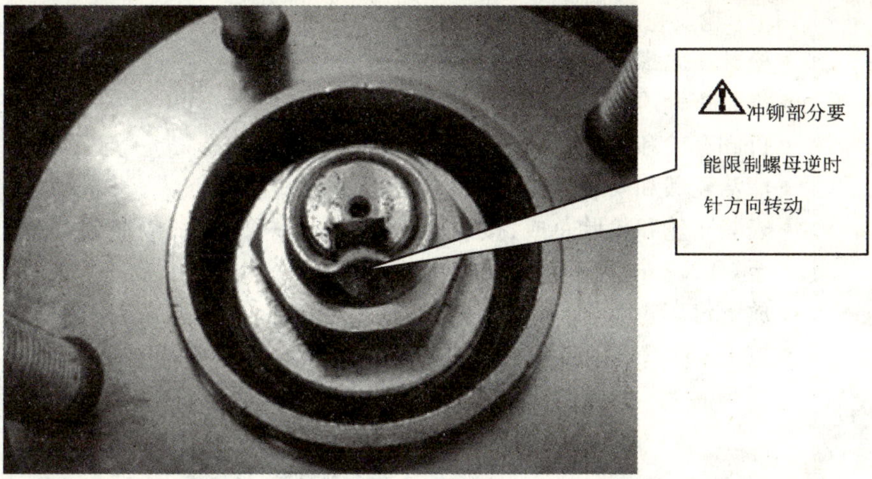图 5.53</td></tr>
<tr><td>注意事项</td><td>按规定力矩拧紧螺母</td></tr>
<tr><td>小组训练</td><td>请将所测的数据记入表 5.9 中,并根据测量结果给出结论。
表 5.9
<table>
<tr><td colspan="3">车型:</td></tr>
<tr><td></td><td>检查记录</td><td>是否合格</td></tr>
<tr><td>前轮毂轴大螺母扭力</td><td></td><td></td></tr>
<tr><td>车轮螺母扭力</td><td></td><td></td></tr>
<tr><td>维修结论</td><td></td><td></td></tr>
</table></td></tr>
<tr><td>训练小结</td><td>请结合小组训练情况,总结练习心得,并对不足之处提出改进意见:</td></tr>
<tr><td colspan="2">技能训练 4:轮胎的磨损现象及原因</td></tr>
<tr><th>项　目</th><th>主要内容</th></tr>
<tr><td>主要工具</td><td>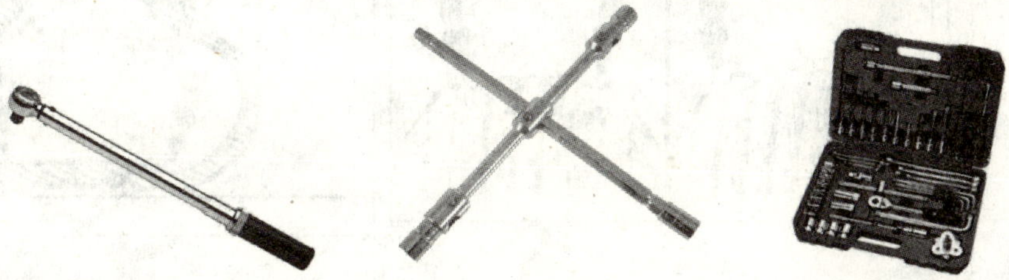(a)扭力扳手　(b)套筒扳手　(c)常用工具
图 5.54</td></tr>
</table>

续表

<table>
<tr><th>项　目</th><th>主要内容</th></tr>
<tr><td>操作方法</td><td>

(1)车轮及轮胎的拆装

- 松开车轮螺母。
- 举升车辆。
- 拆卸车轮和轮胎总成。
- 清洁轮毂和安装面。
- 安装车轮和轮胎总成,按图 5.55 中 1—3—2—4 的顺序预拧紧车轮螺母扭力至 60 N · m。
- 放下汽车。
- 按 1—3—2—4 的顺序预拧紧车轮螺母扭力至 80 ~ 110 N · m。

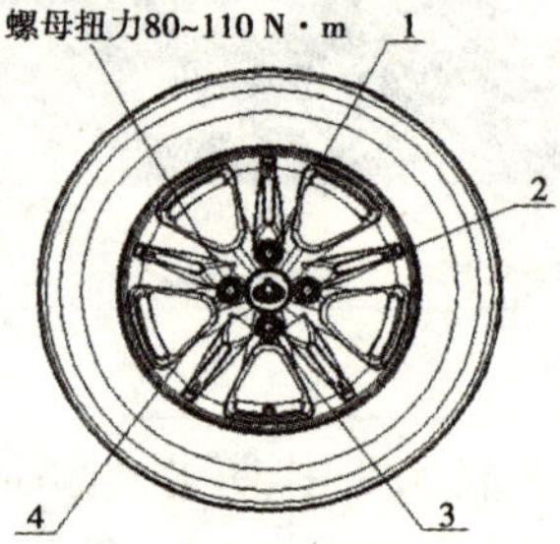

图 5.55

(2)汽车轮胎日常检查

- 轮胎气压的检查。
- 轮胎的磨损检查与换位。
- 轮胎的平衡检查。

(3)轮胎的磨损现象及原因

表 5.10

<table>
<tr><th>现　象</th><th>原　因</th></tr>
<tr><td>胎肩快速磨损
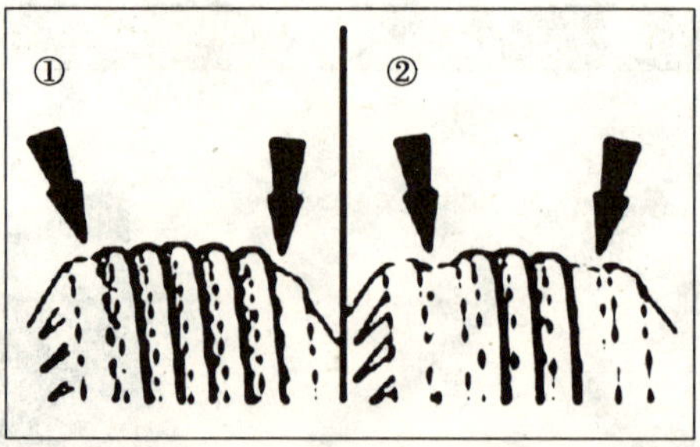
</td><td>• 轮胎充气不足
• 不进行轮胎换位
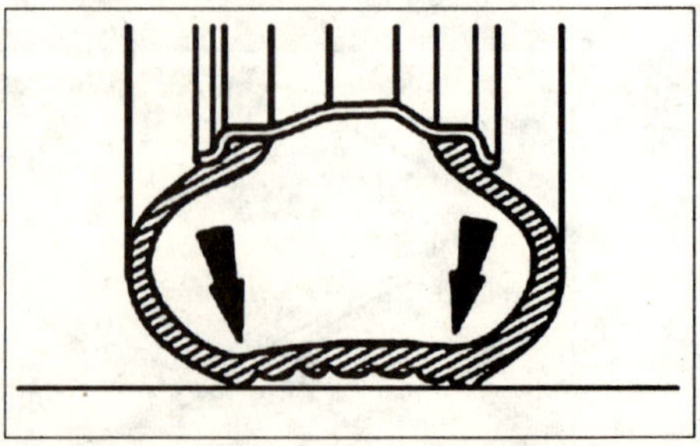</td></tr>
</table>

</td></tr>
</table>

续表

项　目	主要内容
操作方法	续表（见下表）

续表

现　象	原　因
中央快速磨损 	• 轮胎充气过多 • 不进行轮胎换位 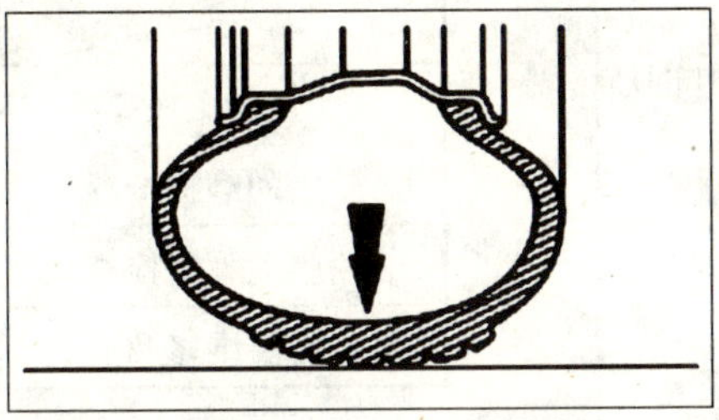
胎面裂纹 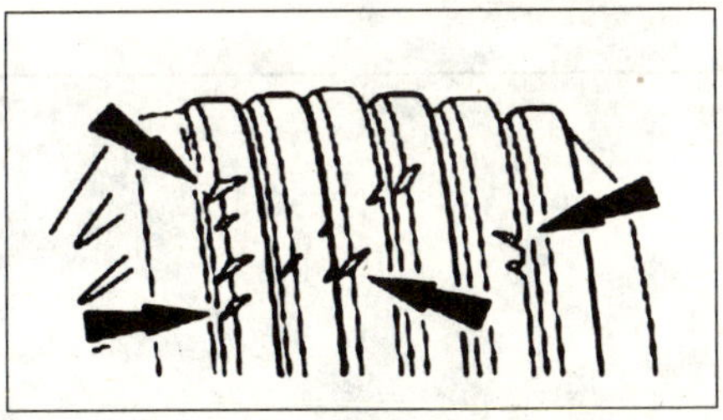	• 充气不足 • 车速过快
措施：轮胎在冷态时，按规范调整压力，互换轮胎。	
单边磨损 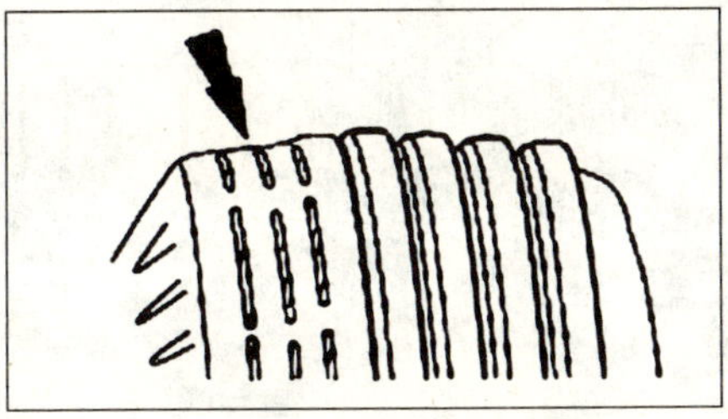	• 外倾过大 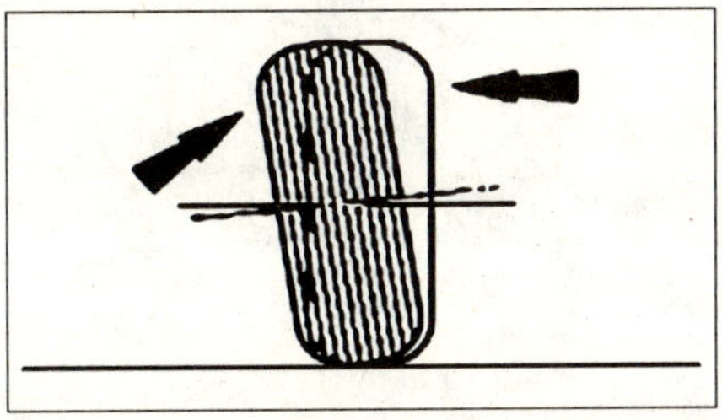
措施：外倾调整至规范值。	

续表

<table>
<tr><th>项　目</th><th>主要内容</th></tr>
<tr><td>注意事项</td><td>安装车轮时,按规定力矩拧紧螺栓。</td></tr>
<tr><td>小组训练</td><td>请将所测的数据记入表 5.11 中,并根据测量结果给出结论。
表 5.11
<table>
<tr><td colspan="4">车型:</td></tr>
<tr><td></td><td>检查记录</td><td>是否合格</td><td>原　因</td></tr>
<tr><td>轮胎胎压</td><td></td><td></td><td></td></tr>
<tr><td>轮胎的磨损情况</td><td></td><td></td><td></td></tr>
<tr><td>轮胎动平衡检查</td><td></td><td></td><td></td></tr>
<tr><td>是否需要维修及更换</td><td></td><td></td><td></td></tr>
</table>
</td></tr>
<tr><td>训练小结</td><td>请结合小组训练情况,总结练习心得,并对不足之处提出改进意见:</td></tr>
</table>

模块 6　CAJS306 车身电气系统检修

模块说明

◆知识标准

- 能认识长安商用车各款车型的车身电气系统；
- 能够正确识读各个电气系统的电路图；
- 能正确使用专用解码仪；
- 能正确识别 BCM 模块各针脚并检修；
- 能正确识别空调系统的组成部件；
- 能够正确使用工具和检测装置对空调制冷系统进行压力检查和维护；
- 能够对制冷系统内部压力进行检查和分析，判断故障位置和原因；
- 能分析电动车窗的工作原理与工作过程；
- 能正确诊断车窗不工作的故障；
- 能正确进行电动后视镜相关线路的检测及故障诊断；
- 能正确识读照明系统电路图；
- 能对照明系统各灯系进行故障排除；
- 能正确进行风窗刮水器和洗涤装置的检查和维护；
- 能正确进行刮水器和洗涤系统相关线路的检测和常见故障检修；
- 能够运用所学知识对车身电气系统故障进行分析和判断，制订排故流程并完成故障排除任务。

◆主要内容

- 万用表的使用及电路图识读；
- 诊断仪的使用；
- 钥匙匹配；
- BCM 针脚识别；
- 空调系统检修；
- 电动车窗检修；
- 照明系统检修；
- 雨刮系统检修；
- 发电机检修；
- 收放机检修。

6.1 万用表的使用及电路图的识读

☞ 知识回顾

(请结合你所自学的理论知识回答右侧问题)

1. 万用表的功能:______________________________
______________________________。
2. 电路的基本组成:______________________________。

☞ 技能训练

请完成万用表的测量操作。

<table>
<tr><th colspan="2">技能训练1:万用表的使用</th></tr>
<tr><th>项　目</th><th>主要内容</th></tr>
<tr><td>主要工具</td><td>
图6.1　数字万用表</td></tr>
<tr><td>操作方法</td><td>1. 电压的测量
将红表笔插在"V · Ω"孔内,黑表笔插在"COM"孔内,根据被测量选择DCV(直流)或ACV(交流)和适当的量程。打开电源开关到"ON"处,将表笔接到测量点上,读数即可。
2. 电流的测量
根据被测量的大小将红表笔插入"mA"或"10 A"孔内,黑表笔插入"COM"孔内,根据被测量选择DCA或ACA和适当的量程,两表笔串入被测电路中进行测量。
3. 电阻的测量
将量程开关旋至电阻的相应挡位,黑表笔插入"COM"孔,红表笔插入"V · Ω"孔,然后将表笔接到电阻两端,读数即可。
4. 电容的测量
把需要测的电容元件插到里面就可以测了,对于有极性的电容要注意正负极。
5. 三极管的测量
根据被测三极管是PNP型还是NPN型,将量程开关旋至相应位置,然后将被测三极管的e,b,c三个极分别插入相应的插孔内,从显示屏幕上可读得h_{FE}值的大小。此时,将显示出β值为40 ~ 1 000。</td></tr>
</table>

续表

<table>
<tr><th>项　目</th><th>主要内容</th></tr>
<tr><td>操作方法</td><td>6. 电路通、断的检测
将量程开关旋至标有蜂鸣器符号的位置，黑表笔插入“COM”插孔，红表笔插入“V · Ω”插孔，用表笔接触被测电路。如果表内蜂鸣器发出叫声，则说明电路是通的；否则说明电路是断的。</td></tr>
<tr><td>注意事项</td><td>• 测量过程中，若需要换挡或换插针位置时，必须将两支表笔从测量物体上移开，再进行换挡和换插针位置的操作。
• 测量电流时应注意量程开关当前的挡位是否合适，红、黑表笔所插的孔是否正确。如不正确，容易引起万用表的损坏。
• 不允许在被测线路带电的情况下测量电阻。
• 选用电阻挡检测二极管时，红表笔接正极，黑表笔接负极。</td></tr>
<tr><td>小组训练</td><td>1. 请按图6.2 连接好电路并记录测量结果

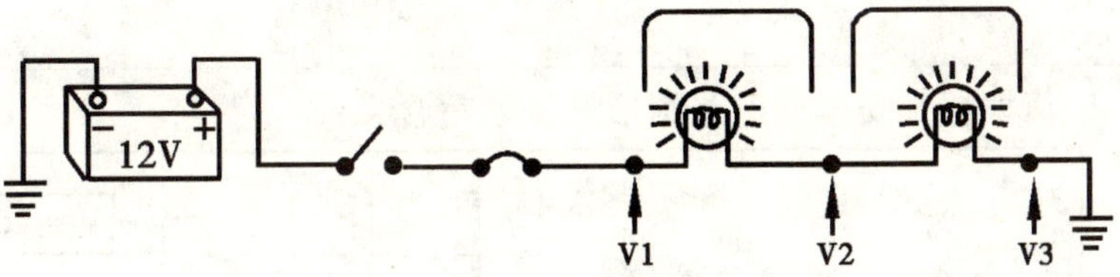

图6.2

表6.1

<table>
<tr><td rowspan="2">V1 点</td><td>电压</td><td></td><td rowspan="2">V2 点</td><td>电压</td><td></td></tr>
<tr><td>电流</td><td></td><td>电流</td><td></td></tr>
<tr><td rowspan="2">V3 点</td><td>电压</td><td></td><td rowspan="2">电源</td><td>总电压</td><td></td></tr>
<tr><td>电流</td><td></td><td>总电流</td><td></td></tr>
</table>

2. 使用万用表测量并记录结果

表6.2

<table>
<tr><td>元　件</td><td>型　号</td><td>容　量</td><td>是否完好</td></tr>
<tr><td>电容</td><td></td><td></td><td></td></tr>
</table>

表6.3

<table>
<tr><td>元　件</td><td>型　号</td><td>放大倍数</td><td>是否完好</td></tr>
<tr><td>三极管</td><td></td><td></td><td></td></tr>
</table>
</td></tr>
</table>

续表

项　目	主要内容
小组训练	表 6.4
训练小结	请结合小组训练情况,总结练习心得,并对不足之处提出改进意见:

表 6.4

元　件	测量值	是否完好
二极管	正向电阻:	
	反向电阻:	

技能训练 2:电路图的识读

项　目	主要内容
主要工具	电路图手册
注意事项	
小组训练	1. 请根据长安车型电路图形符号填写含义:

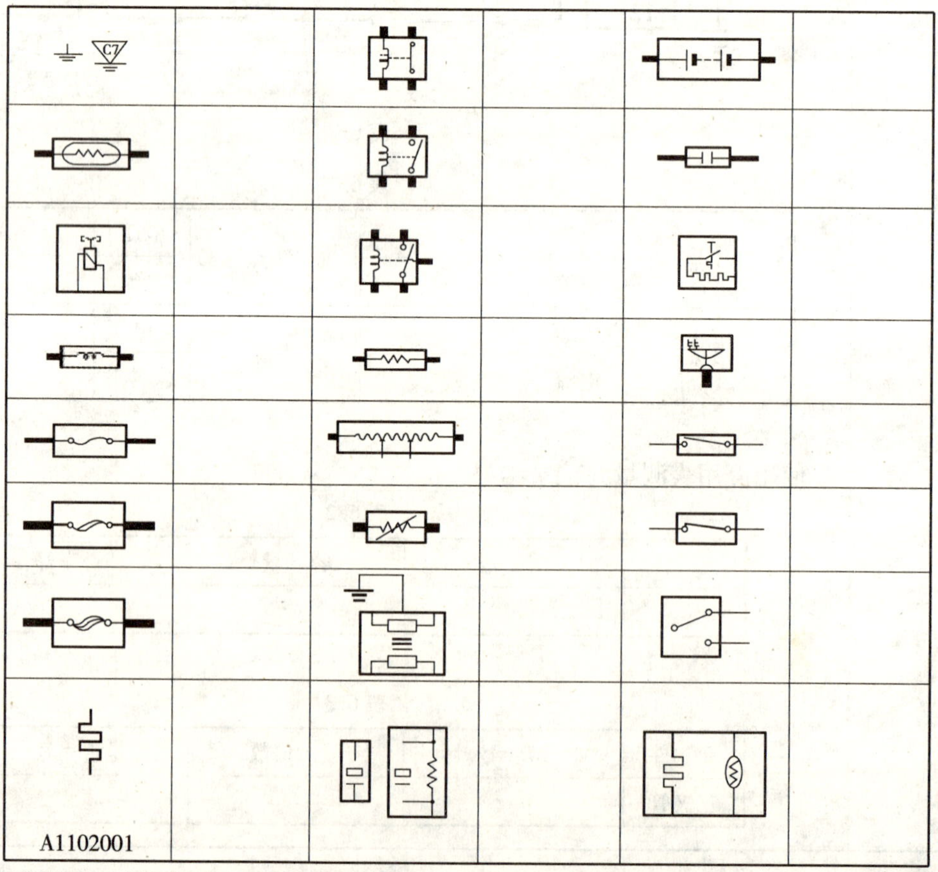

续表

<table>
<tr><th>项 目</th><th>主要内容</th></tr>
<tr><td>小组训练</td><td>
<table>
<tr><td></td><td></td><td></td><td></td><td></td><td></td></tr>
<tr><td></td><td></td><td></td><td></td><td>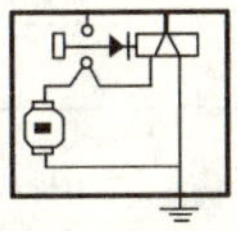</td><td></td></tr>
</table>
<table>
<tr><td></td><td></td><td></td><td></td><td>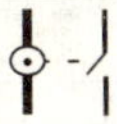</td><td></td></tr>
<tr><td></td><td></td><td>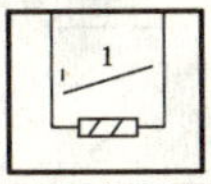</td><td></td><td>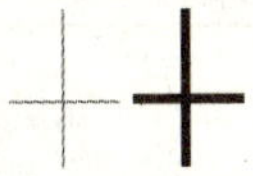</td><td></td></tr>
</table>
2. 将电路图6.3中圆圈处的功能填入相应横线。
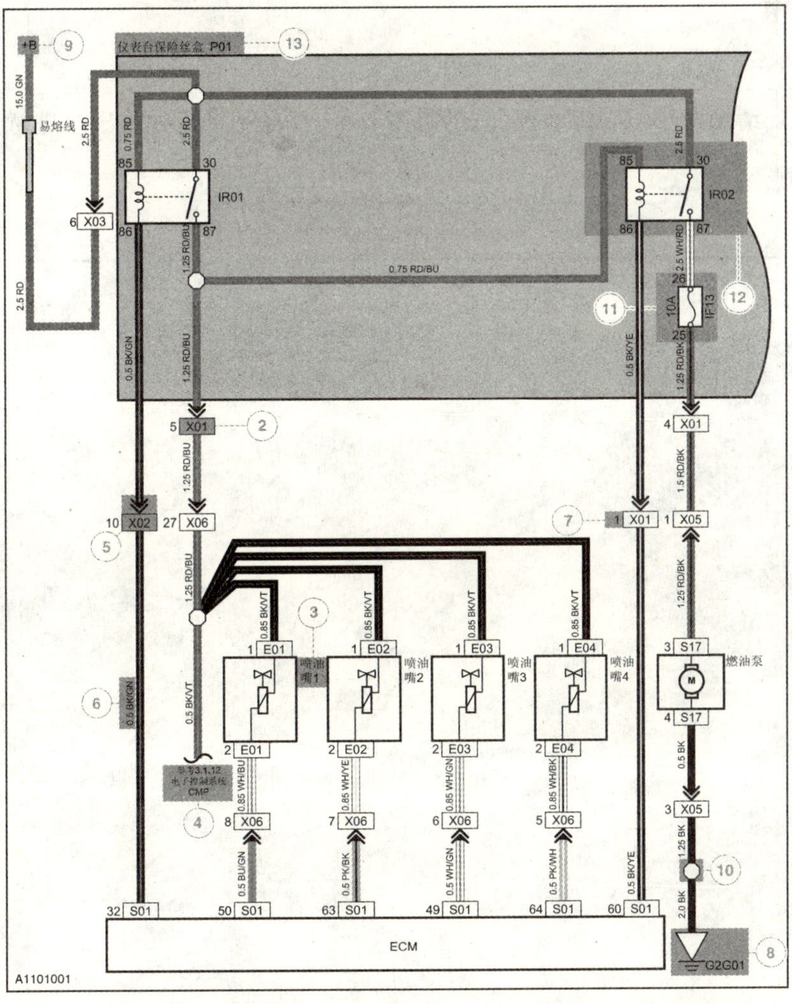

图6.3
</td></tr>
</table>

续表

项　目	主要内容	
小组训练	1:________________	2:________________
	3:________________	4:________________
	5:________________	6:________________
	7:________________	8:________________
	9:________________	10:________________
	11:________________	12:________________
	13:________________	14:________________
训练小结	请结合小组训练情况,总结练习心得,并对不足之处提出改进意见:	

6.2　诊断仪使用及钥匙匹配

☞ 知识回顾

（请结合你所自学的理论知识回答右侧问题）

1. 诊断仪的功能：________________________。

2. 什么是自诊断？________________________。

☞ 技能训练

请完成长安商用车专用诊断仪的操作。

<table>
<tr><td colspan="2">技能训练1：故障码的读取</td></tr>
<tr><td>项　目</td><td>主要内容</td></tr>
<tr><td>主要工具</td><td>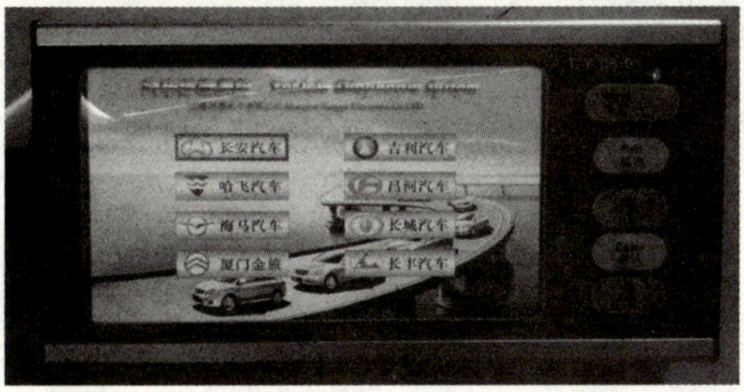

图6.4　诊断仪</td></tr>
<tr><td>操作方法</td><td>• 连接诊断仪到诊断接口。
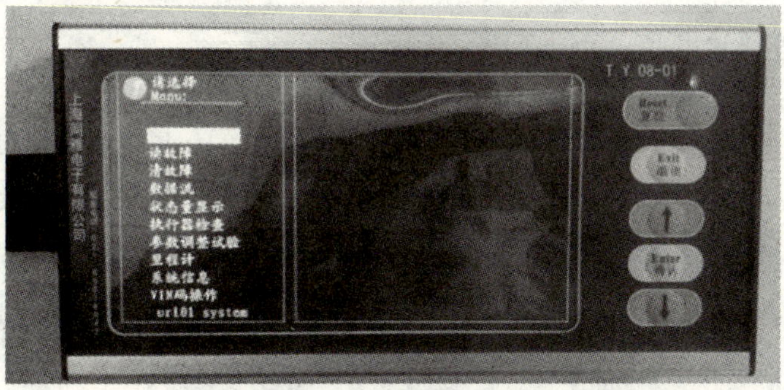

图6.5　读故障码
• 打开汽车开关电源，打开诊断仪，进入后选择长安汽车；用“△”/“▽”键来选择“长安欧诺”（或“长安欧力威”）按“确认”键确认。
• 用“△”/“▽”键选汽车实际的汽车控制器系统型号。
• 选择“读故障”，按“确认”，显示故障个数及具体故障；要显示下一个故障，请按“确认”键。
• 按“退出”键退出该状态。</td></tr>
</table>

续表

<table>
<tr><th>项　目</th><th>主要内容</th></tr>
<tr><td>注意事项</td><td>连接诊断仪之前关闭电源。</td></tr>
<tr><td>小组训练</td><td>请按步骤操作诊断仪,记录操作步骤并读取故障码。
表 6.5
<table>
<tr><th>车型</th><th>操作步骤</th><th>显示结果</th></tr>
<tr><td rowspan="5"></td><td></td><td></td></tr>
<tr><td></td><td></td></tr>
<tr><td></td><td></td></tr>
<tr><td></td><td></td></tr>
<tr><td></td><td></td></tr>
<tr><td colspan="3">故障码及故障:</td></tr>
</table>
</td></tr>
<tr><td>训练小结</td><td>请结合小组训练情况,总结练习心得,并对不足之处提出改进意见:</td></tr>
<tr><td colspan="2">技能训练 2:钥匙匹配</td></tr>
<tr><th>项　目</th><th>主要内容</th></tr>
<tr><td>主要工具</td><td>诊断仪,钥匙</td></tr>
<tr><td>操作方法</td><td>● 连接诊断仪;
● 将需要编程的钥匙插入,打开点火开关;
● 开启诊断仪,进入“长安汽车”“欧力威”“埃泰克 BCM”项;
● 选择“配钥匙”,出现如图 6.6 所示对话框,请按“确认”键;
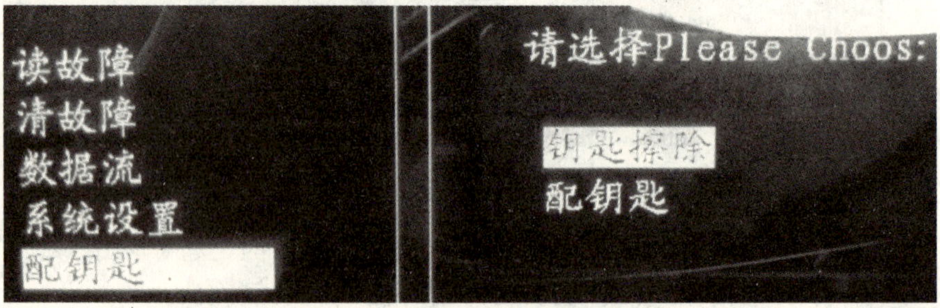

图 6.6
● 选择“配钥匙”,按诊断仪提示长按开锁和闭锁键 10 s,学习钥匙过程,成功时显示“学习成功”然后自动进入下一步,否则显示 “学习失败”及失败原因,然后自动退出;</td></tr>
</table>

续表

<table>
<tr><th>项　目</th><th>主要内容</th></tr>
<tr><td>操作方法</td><td>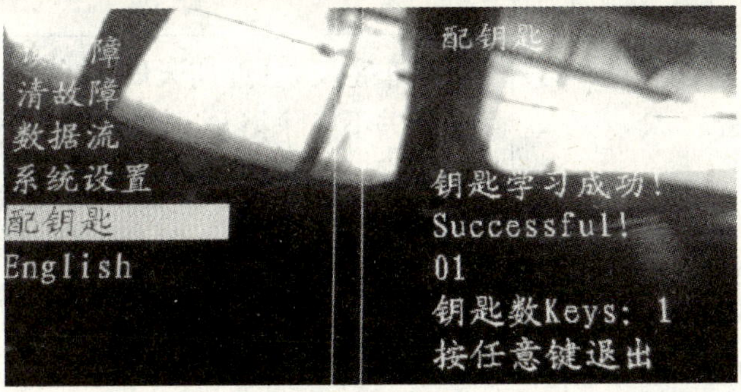

图 6.7
● 读学习结果，系统显示学习钥匙的状态，然后自动进入下一步；若显示“识别码重复”，说明这把钥匙已经配过了；
● 学习结束，按系统显示操作，按“确认”键后，退出系统重新进入。</td></tr>
<tr><td>注意事项</td><td></td></tr>
<tr><td>小组训练</td><td>请按照步骤完成钥匙匹配，并记录工作过程。
表 6.6
<table>
<tr><th>操作步骤</th><th>显示结果</th></tr>
<tr><td></td><td></td></tr>
<tr><td></td><td></td></tr>
<tr><td></td><td></td></tr>
<tr><td></td><td></td></tr>
<tr><td></td><td></td></tr>
<tr><td></td><td></td></tr>
<tr><td colspan="2">出现故障：</td></tr>
</table></td></tr>
<tr><td>训练小结</td><td>请结合小组训练情况，总结练习心得，并对不足之处提出改进意见：</td></tr>
</table>

6.3 BCM的针脚识别

☞ 维修案例描述

一欧诺车主反映:近期天气转冷,后窗玻璃结霜后,操纵后除霜开关不能除霜,经检查,开关保险均是好的,车主把车开到修理厂要求排除故障。

☞ 案例故障原因分析

(请结合你的实践经验和理解,分析该故障可能存在的原因,并小组讨论主要诊断流程,记入右侧空格)

可能原因:____

____。

主要诊断步骤:

☞ 知识回顾

(请结合你所自学的理论知识回答右侧问题)

1. BCM的主要功能

2. BCM各个端子的含义(画图说明)

☞ 技能训练

技能训练:BCM 针脚识别	
项　目	主要内容
主要工具	万用表、试灯、连接线、常用工具。
操作方法	• 对照维修手册,查找各个端子,用万用表检测各个对应端子的电压。
注意事项	检测各端子时不要用万用表笔直接接触各个端子。
小组训练	请按照手册对各个端子进行测量,并记录相关内容:

表 6.7

端子编号	控制说明	电　压	端子编号	控制说明	电　压

续表

<table>
<tr><th>项　目</th><th>主要内容</th></tr>
<tr><td>小组训练</td><td>
续表
<table>
<tr><th>端子编号</th><th>控制说明</th><th>电　压</th><th>端子编号</th><th>控制说明</th><th>电　压</th></tr>
<tr><td></td><td></td><td></td><td></td><td></td><td></td></tr>
<tr><td></td><td></td><td></td><td></td><td></td><td></td></tr>
<tr><td></td><td></td><td></td><td></td><td></td><td></td></tr>
<tr><td></td><td></td><td></td><td></td><td></td><td></td></tr>
<tr><td></td><td></td><td></td><td></td><td></td><td></td></tr>
<tr><td></td><td></td><td></td><td></td><td></td><td></td></tr>
<tr><td></td><td></td><td></td><td></td><td></td><td></td></tr>
</table>
</td></tr>
<tr><td>训练小结</td><td>请结合小组训练情况，总结练习心得，并对不足之处提出改进意见：</td></tr>
</table>

6.4　空调系统检修

☞ 维修案例描述

一辆长安生产的欧诺商用车车主反映：最近因天气越来越炎热，车主在打开空调系统时发现空调出风口温度始终不降低。

☞ 案例故障原因分析

（请结合你的实践经验和理解，分析该故障可能存在的原因，并小组讨论主要诊断流程，记入右侧空格）

可能原因：____

____

____

____

____。

主要诊断步骤：

☞ 知识回顾

（请结合你所自学的理论知识回答右侧问题）

1. 空调系统的组成：____

____

____

____

____

____。

2. 制冷系统工作原理：____

____

____。

☞ 技能训练

<table>
<tr><th colspan="2">技能训练 1:系统压力及泄露检查</th></tr>
<tr><th>项　目</th><th>主要内容</th></tr>
<tr><td>主要工具</td><td>
图 6.8　氟表
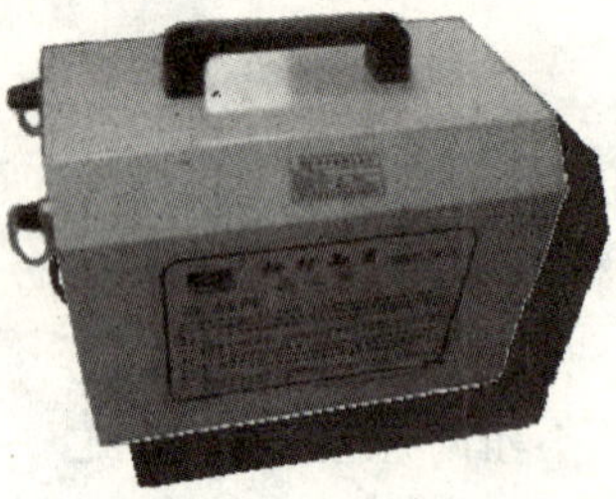
图 6.9　真空泵</td></tr>
<tr><td>操作方法</td><td>1. 系统压力测量
● 首先将氟表高低压快速接头分别连接到空调制冷系统的高低压快速接口处(图 6.10)。
● 顺时针拧紧快速接头上方的旋钮。此时,高压表指示的便是静态时空调系统高压侧的压力,低压表指示的是低压侧的压力。
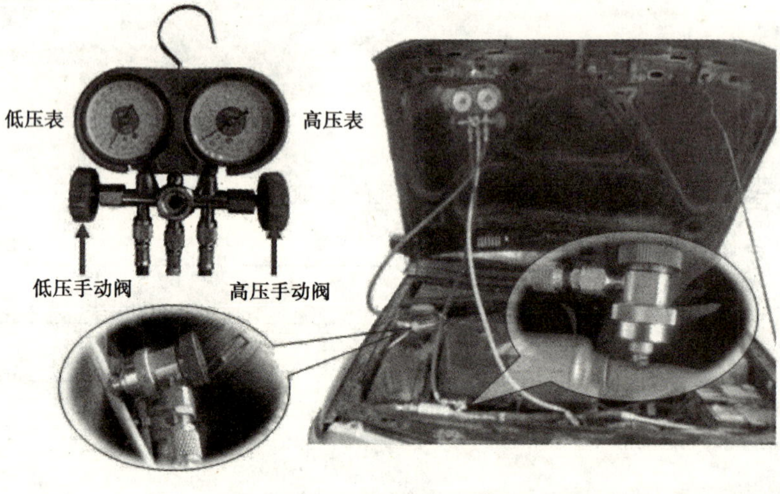

图 6.10
● 启动空调,维持发动机转速在 2 000 r/min 左右,用空调氟表检测高、低压力。
2. 制冷系统检漏
● 将空调氟表的维护软管与真空泵的打气接口连接起来,分别打开真空泵阀门及氟表的高压手动阀,待高压表压力指示到达 1.5 ~ 2.0 MPa 时,关闭高压手动阀停止充注。
● 用肥皂水涂抹在怀疑泄露的部位,观察有无气泡产生。</td></tr>
</table>

续表

<table>
<tr><th>项　目</th><th>主要内容</th></tr>
<tr><td>注意事项</td><td>• 连接氟表以前，要确保高低压手动阀处于关闭状态；
• 向空调系统中注入空气时，应尽量避免在空气湿度比较大的环境下进行，以免空气中的水分进入系统中，使储液干燥罐中的干燥剂吸水饱和，影响其正常使用；
• 充注空气后，应对系统进行长时间的抽真空，以免空气中的水分残留在系统中。</td></tr>
<tr><td>小组训练</td><td>请将所测的数据记入表 6.8 中，并根据测量结果给出结论。
表 6.8
<table>
<tr><td colspan="4">车型：</td></tr>
<tr><td></td><td>标准值</td><td>实际值</td><td>是否合格</td></tr>
<tr><td>高压侧压力</td><td></td><td></td><td></td></tr>
<tr><td>低压侧压力</td><td></td><td></td><td></td></tr>
<tr><td>泄露部位</td><td colspan="3"></td></tr>
<tr><td>维修结论</td><td colspan="3"></td></tr>
</table></td></tr>
<tr><td>训练小结</td><td>请结合小组训练情况，总结练习心得，并对不足之处提出改进意见：</td></tr>
<tr><td colspan="2">技能训练 2：制冷剂的回收（自学）</td></tr>
<tr><th>项　目</th><th>主要内容</th></tr>
<tr><td>主要工具</td><td>

图 6.11　制冷剂回收充注机</td></tr>
<tr><td>操作方法</td><td>• 打开制冷剂回收加注机电源开关，显示屏显示制冷剂质量。
• 检查设备排油瓶油面刻度，并记下数据。
• 启动发动机并打开空调系统，将鼓风机调到最大转速，温度调到最低，以 1 200 r/min转速使发动机运转 10 min。</td></tr>
</table>

续表

<table>
<tr><th>项　目</th><th>主要内容</th></tr>
<tr><td>操作方法</td><td>

● 将制冷剂回收加注机的高、低压管路快速接头连接到空调系统的高低压管路接口,选择“回收”运行程序,并打开高低压阀门(图 6.12)。

图 6.12

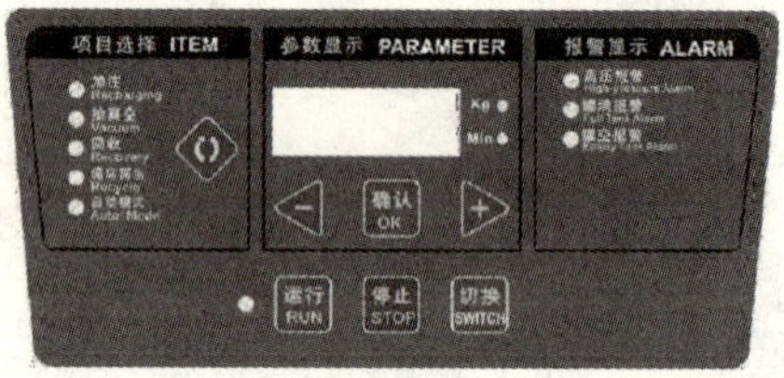

图 6.13

● 当回收完毕后,回收加注机报警提示,并自动停止回收(或按“OK”键终止)。

● 制冷剂回收终止后,设备自动排油(压缩机油)。

</td></tr>
<tr><td>注意事项</td><td>排油结束后,记下排油瓶油面上升刻度。</td></tr>
<tr><td>小组训练</td><td>

请结合完成过程,将相关结果记录入表 6.9 中。

表 6.9

<table>
<tr><td colspan="4">车型:</td></tr>
<tr><td>实施项目</td><td colspan="3"></td></tr>
<tr><td>制冷剂回收质量</td><td></td><td>压缩机油排出量</td><td></td></tr>
<tr><td>制冷剂回收实施过程</td><td colspan="3"></td></tr>
</table>

</td></tr>
<tr><td>训练小结</td><td>请结合小组训练情况,总结练习心得,并对不足之处提出改进意见:</td></tr>
<tr><td colspan="2">技能训练 3:控制系统检查(自学)</td></tr>
<tr><th>项　目</th><th>主要内容</th></tr>
<tr><td>主要工具</td><td>万用表、试灯、连接线、常用工具</td></tr>
<tr><td>操作方法</td><td>

1. 压缩机电磁离合器线路检查

● 查阅维修手册,绘制空调压缩机控制电路;

● 对空调压缩机控制电路进行检查。

</td></tr>
</table>

续表

<table>
<tr><th>项　目</th><th>主要内容</th></tr>
<tr><td>操作方法</td><td>2. 暖风机电阻检查
• 将点火开关转到 ON 位置，从 OFF—1—2—3—4 挡依次旋转风量开关旋钮，看仪表板出风口风量是否依次增大。
• 若异常，检查暖风机电阻接插件是否接插到位，线束接插件是否退端子；拆卸蓄电池负极导线，拆开风机电阻插接件，拆除暖风机电阻，用万用表测量端子与端子之间的电阻。
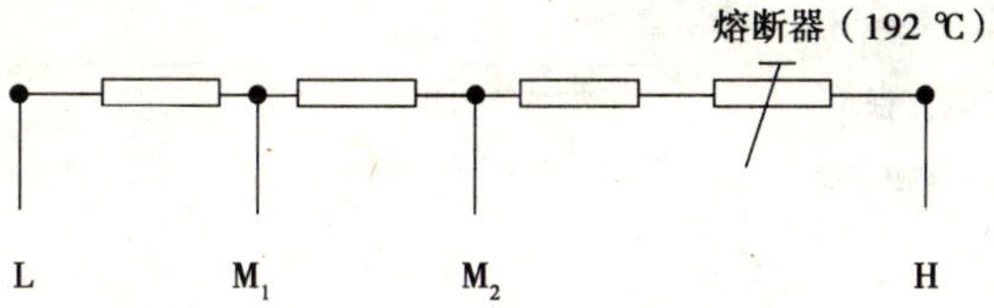

图 6.14</td></tr>
<tr><td>注意事项</td><td>拆除暖通风机电阻前应先拆卸蓄电池负极导线。</td></tr>
<tr><td>小组训练</td><td>查阅维修手册，对空调控制电路进行检查，并记录结果。
表 6.10
<table>
<tr><th>检测项目</th><th>检测结果</th><th colspan="2">原因分析及采取措施</th></tr>
<tr><td>空调开关</td><td>正常■/故障■</td><td colspan="2"></td></tr>
<tr><td>鼓风机开关</td><td>正常■/故障■</td><td colspan="2"></td></tr>
<tr><td>电磁离合器</td><td>阻值：</td><td>检测结果</td><td>正常■/短路■/断路■</td></tr>
<tr><td colspan="4">操作步骤：</td></tr>
</table>
表 6.11
<table>
<tr><th></th><th>标准值</th><th>实际值</th><th>是否合格</th></tr>
<tr><td>“L”—“M_1”</td><td></td><td></td><td></td></tr>
<tr><td>“M_1”—“M_2”</td><td></td><td></td><td></td></tr>
<tr><td>“M_2”—“H”</td><td></td><td></td><td></td></tr>
<tr><td>“L”—“H”</td><td></td><td></td><td></td></tr>
<tr><td>维修结论</td><td></td><td></td><td></td></tr>
</table></td></tr>
<tr><td>训练小结</td><td>请结合小组训练情况，总结练习心得，并对不足之处提出改进意见：</td></tr>
</table>

6.5 电动车窗检修

☞ 维修案例描述

有客户投诉,其驾驶的欧诺车右前侧车窗玻璃不能自动调节,要求服务修理站予以修复。

☞ 案例故障原因分析

(请结合你的实践经验和理解,分析该故障可能存在的原因,并小组讨论主要诊断流程,记入右侧空格)

可能原因:____

____。

主要诊断步骤:

☞ 知识回顾

(请结合你所自学的理论知识回答右侧问题)

1. 电动车窗控制开关识别(图6.15)。

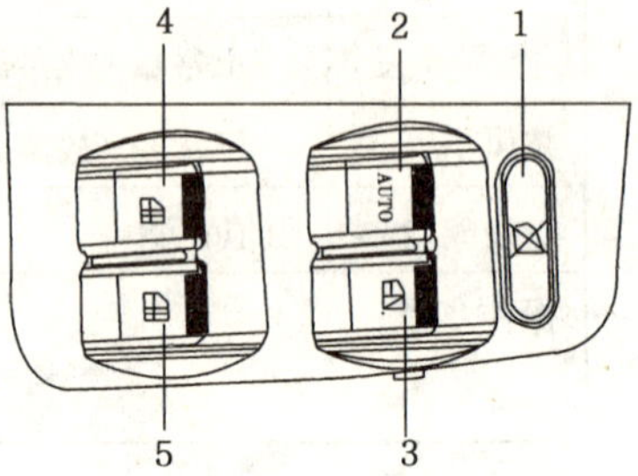

图6.15

1 __________ 2 __________ 3 __________

4 __________ 5 __________

2. 电动车窗的组成:____。

3. 画出电动车窗的电路原理图。

☞ 技能训练

<table>
<tr><th colspan="2">技能训练：电动车窗的检修</th></tr>
<tr><th>项　目</th><th>主要内容</th></tr>
<tr><td>主要工具</td><td>万用表、试灯、连接线、常用工具</td></tr>
<tr><td>操作方法</td><td>
• 首先验证故障现象。
• 检查点火开关是否打到 ON 挡。
• 检查发动机舱保险盒保险丝是否熔断。
• 检查电动车窗开关通断。
• 检查 BCM 对应端子。
• 各车窗电机及连接线束。
• 通过排查确定故障原因后，按要求正确拆卸与装配故障零件。
</td></tr>
<tr><td>注意事项</td><td>更换车窗开关需先拆卸前门内饰板，然后拆卸电动车窗开关。更换完成装配内饰板后，请将内饰板上损坏卡子完全更换。线束更换完成后应对更换线束所有功能进行检查，避免因更换而引起其他故障。</td></tr>
<tr><td>小组训练</td><td>请将所测的数据记入表 6.12 中，并根据测量结果给出结论。
表 6.12
<table>
<tr><td colspan="3">车　型：</td></tr>
<tr><td>故障现象</td><td colspan="2"></td></tr>
<tr><td>检测项目</td><td>检测结果记录</td><td>是否正常</td></tr>
<tr><td></td><td></td><td></td></tr>
<tr><td></td><td></td><td></td></tr>
<tr><td></td><td></td><td></td></tr>
<tr><td></td><td></td><td></td></tr>
<tr><td></td><td></td><td></td></tr>
<tr><td colspan="3">故障原因：</td></tr>
</table>
</td></tr>
<tr><td>训练小结</td><td>请结合小组训练情况，总结练习心得，并对不足之处提出改进意见：</td></tr>
</table>

6.6 照明系统检修

☞ 维修案例描述

重庆某欧诺车主反映:前大灯不亮,要求维修人员进行检查维修。

☞ 案例故障原因分析

(请结合你的实践经验和理解,分析该故障可能存在的原因,并小组讨论主要诊断流程,记入右侧空格)

可能原因:____

____。

主要诊断步骤:

☞ 知识回顾

(请结合你所自学的理论知识回答右侧问题)

1. 外部照明灯具在车上的安装位置(图6.16)。

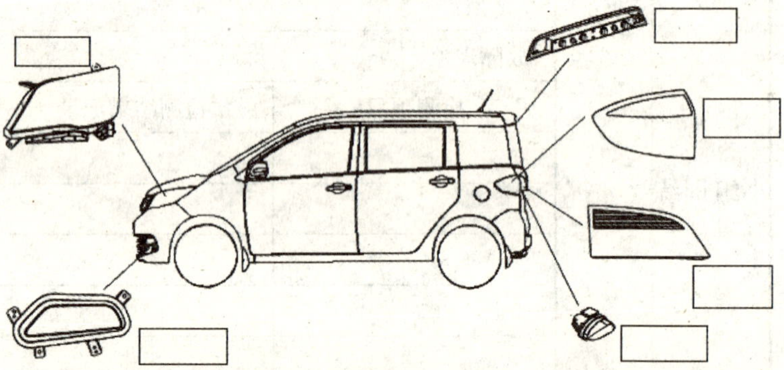

图 6.16

2. 画出前照灯电路图。

☞ 技能训练

技能训练 1:前照灯故障检修	
项　目	主要内容
主要工具	万用表、常用工具、试灯、连接线
操作方法	1. 前灯进水、起雾故障 • 首先擦拭灯具表面,使其保持干燥清洁。然后目测检查灯具配光镜和装饰框、反射碗等;如灯具内有明显的水珠或积水等问题,应更换灯具。 (1)灯具的拆卸与装配 拆卸时:按图 6.17 中 4→3→2→1 的顺序进行灯具安装螺栓的拆卸。 拧紧时:按图 6.17 中 1→2→3→4 的顺序进行灯具安装螺栓的拧紧。 装配大灯时,先将 1 处的定位销固定好,再将 3 处的定位销挂在车身上,然后再安装螺栓。 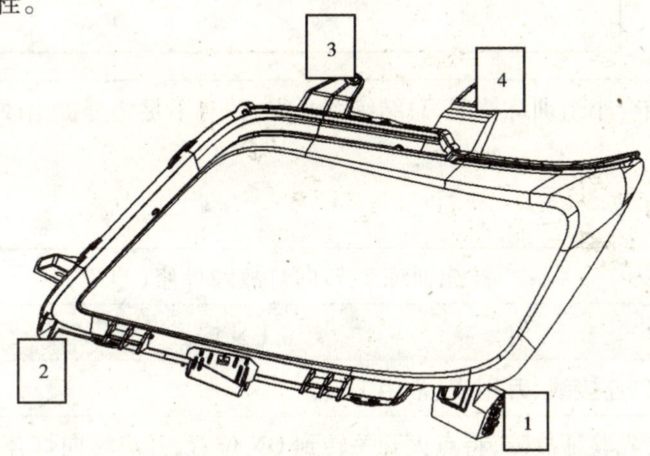 图 6.17 (2)灯泡更换 取下后盖,拔掉接插件,松开压簧,取出灯泡,装灯泡,压紧压簧,对插接插件,盖上后盖。 2. 前灯灯泡不亮 • 验证故障是单个灯泡不亮,一组灯泡不亮,还是所有灯泡均不亮; • 检查接插件是否松动、脱落,端子是否歪斜、松动; • 检查灯泡是否完好,若损坏则更换; • 若以上零部件均完好,则检查对应保险是否烧毁; • 如保险完好,则对着电路图检查该灯泡线路通断情况。
注意事项	• 装配大灯时,先将定位销固定好,然后再安装螺栓。 • 更换故障件后应检验灯泡、灯具与线束的接插件接插到位。灯具的安装螺栓装配到位。

续表

<table>
<tr><th>项　目</th><th>主要内容</th></tr>
<tr><td>小组训练</td><td>按照电路图进行测量，找到故障原因并记录相关内容。
表 6.13
<table>
<tr><td colspan="3">车型：</td></tr>
<tr><td>故障现象</td><td colspan="2"></td></tr>
<tr><td>检测项目</td><td>检测结果记录</td><td>注意事项</td></tr>
<tr><td></td><td></td><td></td></tr>
<tr><td></td><td></td><td></td></tr>
<tr><td></td><td></td><td></td></tr>
<tr><td></td><td></td><td></td></tr>
<tr><td></td><td></td><td></td></tr>
<tr><td colspan="3">故障原因：</td></tr>
</table>
</td></tr>
<tr><td>训练小结</td><td>请结合小组训练情况，总结练习心得，并对不足之处提出改进意见：</td></tr>
<tr><td colspan="2">技能训练 2：转向灯故障检修(自学)</td></tr>
<tr><th>项　目</th><th>主要内容</th></tr>
<tr><td>主要工具</td><td>试灯、连接线、万用表、常用工具</td></tr>
<tr><td>操作方法</td><td>• 首先验证故障，将点火开关转到 ON 位置，开启转向灯开关，判定故障灯；
• 检查接插件是否松动、脱落，端子是否歪斜、松动；
• 检查灯泡是否完好，若损坏则更换；
• 若以上零部件均完好，则检查对应保险是否烧毁；
• 如保险完好，则对着电路图检查该灯泡线路通断情况。</td></tr>
<tr><td>注意事项</td><td>灯泡、灯具与线束的接插件接插到位，灯具的安装螺栓装配到位。</td></tr>
<tr><td>小组训练</td><td>请按照电路图进行测量，找到故障原因并记录相关内容
表 6.14
<table>
<tr><th>序号</th><th>检查项目</th><th>标　准</th><th>检查结果
(是、否)</th><th>闪烁频率检查标准</th><th>结　果</th></tr>
<tr><td>1</td><td rowspan="2">左转向灯</td><td>左前(闪亮)</td><td></td><td rowspan="4">每分钟闪烁次数为
55～60 次</td><td rowspan="2"></td></tr>
<tr><td>2</td><td>左后(闪亮)</td><td></td></tr>
<tr><td>3</td><td rowspan="2">右转向灯</td><td>右前(闪亮)</td><td></td><td rowspan="2"></td></tr>
<tr><td>4</td><td>右后(闪亮)</td><td></td></tr>
</table>
</td></tr>
</table>

续表

<table>
<tr><th>项　目</th><th>主要内容</th></tr>
<tr><td>小组训练</td><td>
表 6.15
<table>
<tr><th>检测项目</th><th>检测结果</th><th>注意事项</th></tr>
<tr><td></td><td></td><td></td></tr>
<tr><td></td><td></td><td></td></tr>
<tr><td></td><td></td><td></td></tr>
<tr><td></td><td></td><td></td></tr>
<tr><td></td><td></td><td></td></tr>
<tr><td></td><td></td><td></td></tr>
<tr><td colspan="3">故障原因：</td></tr>
</table>
</td></tr>
<tr><td>训练小结</td><td>请结合小组训练情况，总结练习心得，并对不足之处提出改进意见：</td></tr>
</table>

6.7 雨刮系统检修

☞ 维修案例描述

一辆欧诺车在一次事故中损毁严重,经修复后,雨刮无法正常工作,要求检修。

☞ 案例故障原因分析

(请结合你的实践经验和理解,分析该故障可能存在的原因,并小组讨论主要诊断流程,记入右侧空格)

可能原因:____

____。

主要诊断步骤:

☞ 知识回顾

(请结合你所自学的理论知识回答右侧问题)

1. 简述雨刮及洗涤器的作用。

2. 雨刮器的结构(图6.18)。

图6.18

3. 画出前、后雨刮电路原理图。

☞ 技能训练

技能训练1:前雨刮故障的检修	
项　目	主要内容
主要工具	万用表、试灯、连接线、常用工具
操作方法	●首先验证故障现象。 ●检查蓄电池电压。 ●检查中央控制盒前雨刮电机保险丝是否断裂。 ●转向锁置于ON档状态下,检查发动机舱线束接雨刮电机端的电源端子电压是否是12 V。若是,进行下一步检查;若否,检查线束。 ●将组合开关雨刮控制手柄处于高速(HI)挡,检查雨刮是否高速工作。若是,进行下一步检查;若否,检查连接雨刮电机高速挡的线束端电压是否为12 V。若是,请更换雨刮电机;若否,对照电路图依次检查此端口线束到组合开关是否导通、组合开关快挡通断情况。 ●将组合开关雨刮控制手柄处于低速(LO)挡,检查雨刮是否低速工作。若是,进行下一步检查;若否,检查连接雨刮电机低速挡的线束端电压是否为12 V。若是,更换雨刮电机;若否,对照电路图依次检查此端口线束到组合开关是否导通、组合开关快挡通断情况。 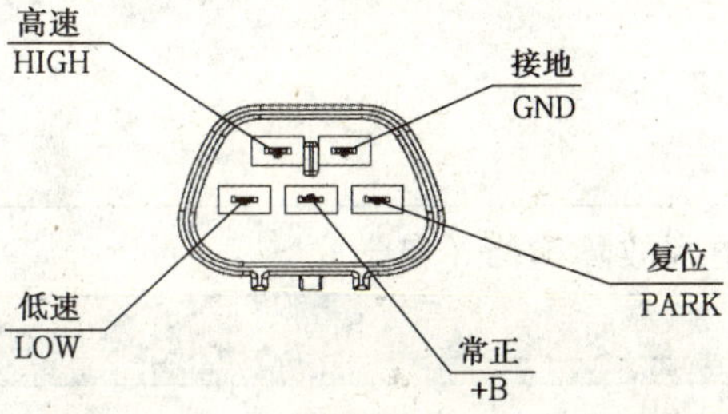 图6.19 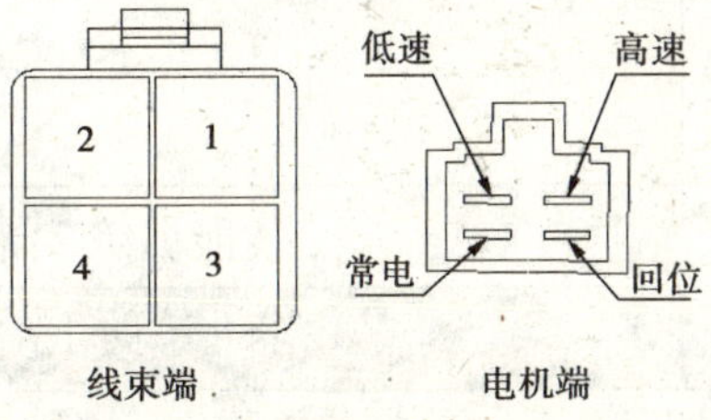 图6.20 ●将组合开关雨刮控制手柄处于间隙(INT)挡,雨刮应具有间歇工作的功能,否则,依次检查线束是否导通、组合开关快挡通断情况。 ●将组合开关雨刮控制手柄处于一次刮水(MIST)挡,雨刮应具有一次刮水的功能,否则,依次检查线束是否导通、组合开关快挡通断情况。
注意事项	雨刮电机的安装点有胶垫,通过一个胶垫上接地片与车身接触搭铁。

续表

<table>
<tr><th>项　目</th><th>主要内容</th></tr>
<tr><td>小组训练</td><td>请按照电路图进行测量,找到故障原因并记录相关内容:
表 6.16
<table>
<tr><td colspan="3">车型:</td></tr>
<tr><td>故障现象</td><td colspan="2"></td></tr>
<tr><td>检测项目</td><td>检测结果</td><td>注意事项</td></tr>
<tr><td></td><td></td><td></td></tr>
<tr><td></td><td></td><td></td></tr>
<tr><td></td><td></td><td></td></tr>
<tr><td></td><td></td><td></td></tr>
<tr><td colspan="3">故障原因:</td></tr>
</table></td></tr>
<tr><td>训练小结</td><td>请结合小组训练情况,总结练习心得,并对不足之处提出改进意见:</td></tr>
<tr><td colspan="2">技能训练 2:后雨刮故障检修(自学)</td></tr>
<tr><th>项　目</th><th>主要内容</th></tr>
<tr><td>主要工具</td><td>万用表、试灯、连接线、常用工具</td></tr>
<tr><td>操作方法</td><td>● 首先验证故障现象。
● 检查蓄电池电压,是否大于 9 V。
● 检查中央控制盒后雨刮电机保险丝是否断裂。若是,则更换保险丝。
● 检查后雨刮电机正极输入端电压是否有 12 V。若否,对照电路图检查组合开关或线束。
● 检查后雨刮电机负极输出端接地是否良好。若是,更换电机;若否,检查组合开关或线束。</td></tr>
<tr><td>注意事项</td><td></td></tr>
</table>

续表

<table>
<tr><th>项　目</th><th>主要内容</th></tr>
<tr><td>小组训练</td><td>请按照电路图进行测量，找到故障原因并记录相关内容：
表 6.17
<table><tr><th>检测项目</th><th>检测结果</th><th>注意事项</th></tr><tr><td></td><td></td><td></td></tr><tr><td></td><td></td><td></td></tr><tr><td></td><td></td><td></td></tr><tr><td></td><td></td><td></td></tr><tr><td colspan="3">故障原因：</td></tr></table></td></tr>
<tr><td>训练小结</td><td>请结合小组训练情况，总结练习心得，并对不足之处提出改进意见：</td></tr>
</table>

6.8 发电机、收放机的检修

☞ 维修案例描述

一欧诺车主反映其车上的收发机开不了机,且充电指示灯也不亮,要求维修人员检修。

☞ 案例故障原因分析

(请结合你的实践经验和理解,分析该故障可能存在的原因,并小组讨论主要诊断流程,记入右侧空格)

可能原因:____。

主要诊断步骤:

☞ 知识回顾

(请结合你所自学的理论知识回答右侧问题)

1. 发电机的组成。

2. 画出充电系统电路图。

3. 画出收放机电路图。

☞技能训练

<table>
<tr><th colspan="2">技能训练1:发电机充电指示灯不亮的检修</th></tr>
<tr><th>项 目</th><th>主要内容</th></tr>
<tr><td>主要工具</td><td>万用表、试灯、连接线、常用工具</td></tr>
<tr><td>操作方法</td><td>●观察故障现象。将点火开关转到“ON”位,并不启动发动机,观察充放电指示灯应点亮。如果不亮,则说明充电电路有故障。
●启动发动机,放电指示灯应熄灭,如果此时充放电指示灯应点亮,则说明充电电路有故障。
●利用万用表诊断。用万用表直流电压挡红表笔接发电机1号引脚,黑表笔接搭铁,正常应为12 V左右。
●启动发动机,逐步提高转速达,若电压指示逐步提高并稳定在14 V左右,则说明故障在充电指示灯电路,对照电路图依次检查保险和指示灯;否则为发电机故障。</td></tr>
<tr><td>注意事项</td><td></td></tr>
<tr><td>小组训练</td><td>请按照电路图进行测量,找到故障原因并记录相关内容:
表6.18
<table>
<tr><td colspan="3">车型:</td></tr>
<tr><td>故障现象</td><td colspan="2"></td></tr>
<tr><td>检测项目</td><td>检测结果</td><td>注意事项</td></tr>
<tr><td></td><td></td><td></td></tr>
<tr><td></td><td></td><td></td></tr>
<tr><td></td><td></td><td></td></tr>
<tr><td></td><td></td><td></td></tr>
<tr><td></td><td></td><td></td></tr>
<tr><td></td><td></td><td></td></tr>
<tr><td colspan="3">故障原因:</td></tr>
</table></td></tr>
<tr><td>训练小结</td><td>请结合小组训练情况,总结练习心得,并对不足之处提出改进意见:</td></tr>
</table>

<table>
<tr><th colspan="2">技能训练2:收放机故障检修</th></tr>
<tr><th>项 目</th><th>主要内容</th></tr>
<tr><td>主要工具</td><td>万用表、试灯、连接线、常用工具</td></tr>
<tr><td>操作方法</td><td>1. 收放机调试
(1)时钟调整
短按“时钟调整”按键为显示时钟,此状态下长按为时钟的小时调整,通过向上、向下调整。再短按,转为分钟调整,通过向上、向下调整;再长按时钟键为保存时钟。时钟状态下,按其他功能键转为相应功能,或5 s后跳回当前状态。</td></tr>
</table>

续表

<table>
<tr><th>项　目</th><th>主要内容</th></tr>
<tr><td>操作方法</td><td>
(2)电台搜索
收音状态下,短按“向下搜索键”开始自动向下搜索电台,短按“向上搜索键”开始自动向上搜索电台。
收音状态下,按“SCAN 扫描键”自动搜索电台,搜索到电台后试播 5 s,在 5 s内再按一下此键便可收听此电台。USB/CD 模式下,按此键无作用。
收音模式下,自动或手动搜索到某个电台时,按压 1—6 存储建中任意一个按键 2 s 以上,该电台将存入按压的存储键中;下次直接按压此按键即可收听此电台。
(3)声场转换
长按“声场转换键”进行音色设置并在屏幕上显示(收音/USB/CD 设备播放状态下均可设置),高音控制(TRE),低音控制(BAS)。
2. 收放机故障检修
• 首先验证故障现象。
• 检查蓄电池电压,若低于 9 V,为蓄电池充电后再检查。
• 重新插拔收放机接插件,若问题排除,为接插件未插好;若问题未排除,则进行下一步检查。
• 检查收放机自带保险片、线束保险盒内收放机保险片是否烧毁(图 6.21),若已烧毁,更换保险片。
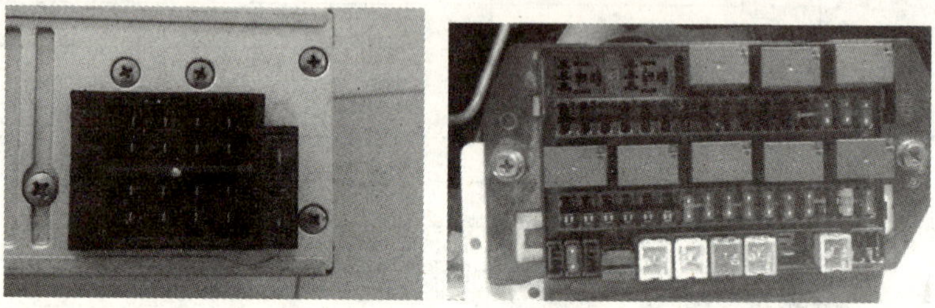
图 6.21
• 对照收放机接插件引脚定义,用万用表测量线束对应端子 B +,ACC,ILL 电压是否与蓄电池一致,若不一致为线束故障,更换线束。若一致,更换收放机确认故障。
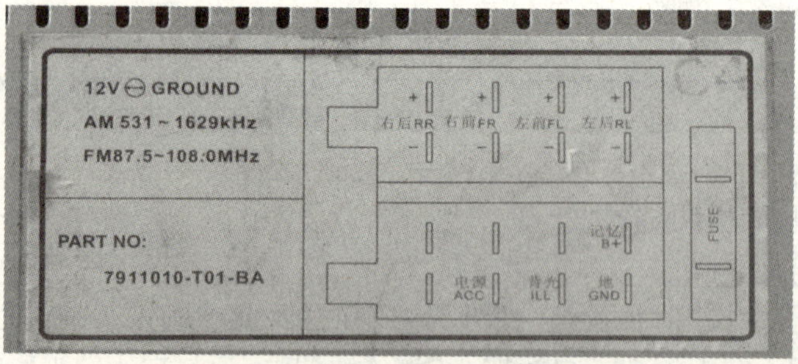

图 6.22
</td></tr>
</table>

续表

<table>
<tr><th>项　目</th><th>主要内容</th></tr>
<tr><td>注意事项</td><td>播放器只能播放标准的 120 mm 的圆形带“compact disc-DIGITAL AUDIO”标志的光碟，自己刻录的光碟可能会引起功能故障。</td></tr>
<tr><td>小组训练</td><td>
1. 请在 CD 上机进行时钟设置。
表 6.19
<table>
<tr><th>步　骤</th><th>调试结果</th><th>注意事项</th></tr>
<tr><td></td><td></td><td></td></tr>
<tr><td></td><td></td><td></td></tr>
<tr><td></td><td></td><td></td></tr>
<tr><td></td><td></td><td></td></tr>
</table>
2. 请在 CD 上机进行电台搜索并存储。
表 6.20
<table>
<tr><th>步　骤</th><th>搜索结果</th></tr>
<tr><td></td><td></td></tr>
<tr><td></td><td></td></tr>
<tr><td></td><td></td></tr>
</table>
3. 请按照步骤测量，找到故障原因并记录相关内容。
表 6.21
<table>
<tr><td colspan="3">车型：</td></tr>
<tr><td>故障现象</td><td colspan="2"></td></tr>
<tr><td>检测项目</td><td>检测结果</td><td>注意事项</td></tr>
<tr><td></td><td></td><td></td></tr>
<tr><td></td><td></td><td></td></tr>
<tr><td></td><td></td><td></td></tr>
<tr><td></td><td></td><td></td></tr>
<tr><td></td><td></td><td></td></tr>
<tr><td colspan="3">故障原因：</td></tr>
</table>
</td></tr>
<tr><td>训练小结</td><td>请结合小组训练情况，总结练习心得，并对不足之处提出改进意见：</td></tr>
</table>